Soul FOOD

SWEETS

Katharina Küllmer
Soul
FOOD
SWEETS
ZUCKERFREIE
Köstlichkeiten
EMF
EIN BUCH DER
EDITION MICHAEL FISCHER

Vorwort

Manchmal will die Seele Süßes. Für mich ist dabei wichtig, dass es trotzdem hochwertig und gesund zugeht, um nicht nur die Seele, sondern auch den Körper zu verwöhnen. Mein Buch „Soulfood Sweets" ist daher eine Sammlung meiner liebsten süßen und gleichzeitig gesunden Rezepte.

Meine Liebe zu Aromen und Gewürzen spiegelt sich auch in diesem Buch wider. Ich möchte dich hier mit auf meine ganz persönliche Reise durch die Welt der beeindruckenden Geschmacksvielfalt nehmen. Ob pfeffriges Granola, pinke Hibiskusbutter, schokoladiger Rote-Bete-Kuchen oder Ziegenkäseeis mit Thymian ... – meine Kreativität und Lust am Experimentieren kennen keine Grenzen. Wenn nicht gerade eine fruchtige Marmelade auf dem Herd blubbert oder ein würziger Kuchen aus dem Ofen duftet, tüftle ich an neuen spannenden Kreationen für Eis, Desserts oder Gebäck.

Ein gesunder Start in den Tag ist für mich besonders wichtig. Daher verwöhne ich mich täglich mit einem liebevoll zubereiteten Frühstück. Mein absoluter Favorit ist eine Schüssel voll würzigem Knuspergranola mit selbst gemachter Mandelmilch, fruchtigen Beeren und dazu ein erfrischender Ingwer-Minz-Tee aus meiner Lieblingstasse. Das ist Soulfood pur für mich.

Inspiration für meine süßen Rezepte finde ich in anderen Länderküchen sowie im heimischen Angebot an saisonalem Obst, Kräutern und Gewürzen. Ich habe den Wunsch, Menschen mit meinen Büchern ebenso zu inspirieren. Ich möchte sie in meine ganz eigene Welt der kulinarischen Möglichkeiten und der Vielfalt an Aromen entführen und ihnen besondere Genussmomente bescheren. Meine Bücher und Rezepte sollen Mut machen, in der Küche und beim Backen auch mal zu experimentieren und mit den verschiedensten Zutaten zu spielen, um wahre Geschmacksexplosionen zu erzeugen. Essen soll nicht nur schmecken, es soll Emotionen hervorrufen, Erinnerungen wachrütteln und die Seele wärmen.

Ich habe dir in diesem Buch eine Sammlung meiner allerliebsten Wohlfühlrezepte zusammengestellt. Hier findest du meine absoluten Glücklichmacher und ganz persönlichen Seelenschmeichler. Wie in all meinen Büchern lege ich auch hier besonders großen Wert auf hochwertige Lebensmittel, denn gerade als Mutter möchte man seine Liebsten und sich selbest möglichst gesund und vollwertig ernähren. Daher verzichte ich in meinen Rezepten gänzlich auf raffinierten Industriezucker und Weizenmehl. Stattdessen nutze ich die natürliche Süße von Früchten, Gemüse und Datteln oder verwende nährstoffreichen Kokosblütenzucker, Honig oder Ahornsirup zum Süßen. Denn diese Süßungsmittel bringen nebenbei noch ihr eigenes, spannendes Aroma mit.

Nun wünsche ich dir viel Freude mit dieser neuen, wundervollen Sammlung an süßen Soulfood-Rezepten zum Glücklichsein.

Deine Katharina

ZIMT
GEWÜRZ

Inhalt

Opernball

DESSERTS

EIS

Das kleine ZUCKER-1x1

Wie du vermutlich schon weißt, setzen sich Kohlenhydrate aus Zuckermolekülen zusammen und liefern dem Körper Energie. Hierbei gibt es jedoch gewaltige Unterschiede im Aufbau dieser Zuckermoleküle. Es gibt Einfachzucker wie Glukose, die auch als Traubenzucker bezeichnet wird, oder Fruktose, die in Obst, aber auch in großen Mengen in Honig vorkommt. Zweifachzucker wie z. B. Saccharose findest du in ganz normalem Haushaltszucker, während Laktose in Milchprodukten vorkommt. Wie der Name schon sagt, bestehen sie aus zwei Zuckermolekülen. Einfach- und Zweifachzucker werden als kurzkettige Kohlenhydrate bezeichnet. Neben den kurzkettigen existieren noch „gesündere", langkettige Kohlenhydrate (Vielfachzucker), wie sie etwa in Vollkornmehl und Gemüse zu finden sind.

Jedes Mal, wenn du Kohlenhydrate zu dir nimmst, steigt dein Blutzuckerspiegel an. Das heißt Zucker in Form von Glukose befindet sich im Blut. Dein Körper reagiert, indem er das Hormon Insulin ausschüttet, um den Zucker in die Zellen zu schleusen. Beim Verzehr von kurzkettigen Kohlenhydraten, vor allem Glukose (Traubenzucker) und Saccharose (raffinierter Zucker), erfolgt der Blutzuckeranstieg sehr schnell. Insulin reagiert ebenso schnell und schleust den Zucker in die Leber-, Muskel- und Fettzellen. Als Folge sinkt der Blutzucker wieder rapide ab – jedoch auf ein geringeres Niveau als zuvor. Die Konsequenz: Du bekommst eine Heißhungerattacke nach mehr Zucker. Ein ganz schöner Teufelskreis, nicht wahr?

Aber keine Sorge, das lässt sich zum Glück verhindern. Denn bei komplexeren Kohlenhydraten gelangt der Zucker sehr viel langsamer ins Blut, wodurch die Insulinausschüttung geringer ausfällt und der Heißhunger nach mehr ausbleibt.

Wenn du also auf kurzkettige Kohlenhydrate, vor allem raffinierten Haushaltszucker, verzichtest und stattdessen auf Süßungsmittel zurückgreifst, die dein Körper langsamer verstoffwechselt, bist du auf der sicheren Seite. Aber halt! Stopp! Bevor du jetzt denkst, dass du kein Obst, keinen Honig oder keine Milch mehr genießen darfst, kann ich dich beruhigen. Zwar weisen Früchte, Honig und Milchprodukte kurzkettige Kohlenhydrate auf, liefern aber hochwertige und wichtige Nähstoffe wie Mineralien, Vitamine und Spurenelemente. Beeren und Zitrusfrüchte sind zudem wesentlich zuckerärmer als andere Obstsorten. Weißer Zucker hingegen enthält keinerlei Vitamine und Mineralien. Und auch geschmacklich weist dieses hochverarbeitete Produkt keine interessanten Aromen auf. Da gibt es so viele spannendere Süßungsmittel, die ich dir auf den nächsten Seiten etwas genauer vorstellen werde.

Meine liebsten SÜSSUNGSMITTEL

Damit du beim Backen nicht auf etwas Süße verzichten musst, zeige ich dir meine liebsten Haushaltszucker-Alternativen. Sie werten deine Süßspeisen nicht nur mit wertvollen Nährstoffen auf, sondern bringen ihre ganz eigenen, spannenden Aromen mit.

GETROCKNETE DATTELN

Ich liebe es, mit getrockneten Datteln zu arbeiten. Sie schmecken nicht nur süß, sondern – je nach Sorte – auch leicht nach Honig und Karamell und haben eine softe, vollmundige Konsistenz. Daher eignen sie sich hervorragend, um gesunden Karamell herzustellen (siehe S. 104), oder auch für meine natürliche Variante des allseits bekannten Schoko-Erdnuss-Riegels: Gefüllte Datteln mit Erdnuss und Schokolade (siehe S. 132). Datteln können entweder direkt im Ganzen oder püriert als Paste verarbeitet werden. Letztere findest du z. B. auf Seite 24, wo sie als Erdnuss-Dattel-Creme mein knuspriges Granola toppt oder auf Seite 64 die Raw Brownie Bites füllt. Trotz des hohen Zucker- und Kaloriengehalts haben Datteln viele Nährstoffe, u. a. Kalium, Kalzium und Magnesium. Deshalb kannst du sie guten Gewissens naschen. Die Medjool-Dattel, eine besonders weiche und süße Sorte, wird oft auch als Praline der Natur bezeichnet. Ich finde, das trifft es ziemlich gut und bestätigt sich schon beim ersten Bissen.

KOKOSBLÜTENZUCKER

Der aus den Blüten der Kokospalme gewonnene Zucker zählt ebenfalls zu den gesünderen Zuckeralternativen, da er aufgrund seines niedrigen glykämischen Index den Blutzuckerspiegel nur langsam ansteigen lässt und somit weniger Insulin ausgeschüttet wird. Zudem enthält er wenig freie Fruktose und dafür viele Mineralien. Der glykämische Index ist ein Maß, das die Wirkung eines kohlenhydrathaltigen Lebensmittels auf den Blutzuckerspiegel bestimmt. Je höher der Wert, desto mehr Zucker ist im Blut. Kokosblütenzucker schmeckt, anders wie der Name vermuten lässt, nicht nach Kokos, sondern hat stattdessen eine angenehm karamellige Note. Ich verwende ihn gern beim Backen, denn er harmoniert wunderbar mit Dinkelmehl und Gewürzen wie Zimt, Muskat, Lebkuchen, Vanille oder Tonkabohne.

AHORNSIRUP UND HONIG

Auch Honig und Ahornsirup eignen sich sehr gut als Alternativen beim Backen. Sie enthalten zwar auch viel Saccharose und Fruktose, aber darüber hinaus auch viele Vitamine und Antioxidantien, die unsere Zellen und Gefäßwände schützen. Beiden Süßungsmitteln wird eine antiseptische, also entzündungshemmende Wirkung nachgesagt. Doch Augen auf beim Einkauf! Ahornsirup gibt es in unterschiedlichen Qualitätsgraden. Während AA für erstklassigen Sirup steht und sich durch eine hellgoldene Optik und ein fein-mildes Aroma auszeichnet, steht der Grad A–C für kräftigere und dunklere Sorten. Ich verwende am liebsten Bio-Produkte. So kann ich sichergehen, dass die Qualität stimmt. Bei Honig greife ich zu regionalen Bio-Sorten.

KRISTALLINE REISSÜSSE

Meine Neuentdeckung und mein absoluter Favorit, wenn es um eine leichte Schneedecke auf meinen morgendlichen Pancakes oder um die Earl-Grey-Glasur auf meinem Möhrenkuchen (siehe S. 110) geht: kristalline Reissüße. Das feinpulverige fruktosefreie Süßungsmittel wird aus der schonenden Trocknung von flüssigem Reissirup gewonnen und kann wie Puderzucker verwendet werden. Reissüße hat eine dezente Süße und einen mild-neutralen Geschmack. Es lassen sich damit kalte und warme Getränke, aber auch Desserts, Eis und natürlich meine Erdbeer-Kokos-Popsicles (siehe S. 172) süßen. Du kannst kristalline Reissüße im Onlinehandel bestellen, es gibt sie auch bio-zertifiziert.

Meine liebsten BACKZUTATEN

Du findest in meinen Backrezepten überwiegend Dinkel- oder Dinkelvollkornmehl. Ich bin ein großer Fan von Dinkel, aber auch von den Pseudogetreiden Quinoa, Kaniwa und Buchweizen. Sie allesamt schmecken wunderbar nussig.

DINKELMEHL

Ich verwende hauptsächlich Dinkelmehl in meinen Rezepten, denn es ist leichter verdaulich und versorgt dich dank komplexerer Kohlenhydratketten nachhaltiger mit Energie als Weizenmehl. Dinkel ist einer der ältesten Urgetreide, aus dem sich erst später Weizen entwickelt hat. Dinkel ist reich an Vitaminen, vor allem B-Vitaminen, sowie Mineralstoffen und Spurenelementen. Glutenfrei ist Dinkel aber nicht. Dinkelmehl Type 630 kann Weizenmehl 1:1 ersetzen.

BUCHWEIZENMEHL

Buchweizen gehört zu den Pseudogetreidesorten, wie Amarant, Kaniwa oder auch Quinoa, denn er ist kein Getreide, sondern die Frucht einer Knöterichpflanze. Deshalb ist Buchweizen auch glutenfrei. Der Nachteil ist jedoch, dass er dadurch beim Backen nicht so gut bindet wie Dinkelmehl. Sein Geschmack ist schön nussig und eine wahre Bereicherung, wenn man, so wie ich, gern mit Aromen herumspielt.

KANIWA

Kaniwa ist ebenfalls ein Pseudogetreide und stammt aus derselben Kornfamilie wie Quinoa. Es hat einen ähnlichen nussigsüßen Geschmack und ist glutenfrei. Kaniwa ist eine tolle Proteinquelle und beinhaltet wichtige Nährstoffe wie Kalzium, Zink, Eisen und Ballaststoffe.

HAFER

Hafer ist, je nach Produktionskette, glutenfrei. Wenn du Gluten meiden willst, achte beim Kauf auf den Hinweis auf der Verpackung. Hafer ist zudem sehr nährstoffreich: Er enthält Magnesium, Vitamin B_1 und B_6, Eisen, Silicium und Biotin. Genau wie Dinkel ist er ein Urgetreide und eignet sich durch seinen wohligen Geschmack sehr gut für Granola und Gebäck. Nicht umsonst hat er sich in Porridge, Pancakes und Co. zu einer Lieblingsfrühstückszutat entwickelt: Er sättigt wunderbar und stabilisiert den Blutzuckerspiegel nachhaltig.

NÜSSE

Wie gut, dass wir Nüsse wie Cashew, Haselnuss, Walnuss, Pekannuss oder Pistazie lieben, denn sie nehmen einen wichtigen Platz beim ausgewogenen Backen ein – sei es die ganze Nuss, als buttriges Mus, in gehackter Form oder gemahlen. Häufig können sie sogar Mehl oder Butter komplett oder zu Teilen ersetzen.

SUPERFOODS

Chia-Samen, Matcha-Pulver, Açai-Beere – sie alle können unseren Süßspeisen den extra Kick geben, denn diese Lebensmittel strotzen nur so von Nährstoffen. Sie liefern nicht nur Energie, sondern überzeugen allesamt auch durch ihren Geschmack und ihre tollen Verwendungsmöglichkeiten. Du findest sie vor allem in meinen Bowl-Rezepten oder (N)icecreams. Aber man kann auch wunderbar mit ihnen backen.

Meine liebsten GEWÜRZE

Gewürze dürfen in meinen Rezepten nicht fehlen. Sie kitzeln die natürliche Süße aus der Zutat heraus und machen jede Süßspeise zum Aromenfeuerwerk.

VANILLESCHOTE

Mit Vanille kannst du hervorragend jede Art von Süßspeise verfeinern. Indem du die Schote längs aufschneidest, kannst du das Mark mit einem Messer vorsichtig herausschaben. Die ausgekratzten Vanilleschoten kannst du anschließend in ein Fläschchen geben und mit Wodka auffüllen. Nach einigen Monaten des Reifens hast du einen wundervollen Vanilleextrakt.

GEMAHLENER ZIMT

Ich liebe Zimt einfach. Er ist wahrscheinlich das typischste Weihnachtsgewürz in Europa und eignet sich in gemahlener Form hervorragend zum Backen! Zimt verfeinert jedoch nicht nur Backwaren, sondern auch Heißgetränke und sorgt für einen kleinen Energiekick.

INGWER

Gemahlener oder frischer Ingwer ist eine beliebte Zutat in meinen Energyballs. Durch seine kreislaufanregende und verdauungsfördernde Wirkung ist er aus meiner morgendlichen Golden Milk (siehe S. 80) nicht mehr wegzudenken.

MUSKATNUSS

Ihr Aroma wird durchgehend als warm, süßlich bis leicht pfeffrig empfunden. Sie sollte jedoch nicht übermäßig verzehrt werden. Ich verwende sie am liebsten frisch gerieben z. B. in Granola oder in meinem unwiderstehlichen Möhrenkuchen (siehe S. 110).

TONKABOHNEN

Die Tonkabohne ist bei uns in Europa kaum bekannt, aber wer sie probiert hat, vergisst den Geschmack nie wieder. Sie stammt aus Südamerika und kommt mit Aromen von Vanille, Karamell, Mandeln und Süßholz daher. Sie passt wunderbar zu Mandelmilchreis (siehe S. 140), Granola und Schokolade.

PFEFFER

Wie du sicher schon gemerkt hast, bin ich ein großer Pfefferfan. Ich gebe fast überall eine Prise frisch gemahlen dazu, egal ob süß oder herzhaft. Er passt geschmacklich unheimlich gut zu Früchten, in Konfitüren oder Honig. Mein pfeffriges Granola (siehe S. 24) ist eine Wucht!

SCHOKOLADE (100 %)

Beim Durchblättern des Buches wird dir auffallen: an Schokolade und Kakao wird nicht gespart. Denn was wäre ein Soulfood-Buch ohne Schokolade? Ich verwende in allen Rezepten Schokolade, die zu 100 % aus Kakao, also reiner Kakaomasse und Kakaobutter, besteht und frei von Zucker ist. Übrigens: Raw Chocolate und Kakao-Nibs zählen dank ihrer positiven Eigenschaften sogar zu den Superfoods.

Na, wenn Schokoladeessen da nicht glücklich macht ...

Frühstück

Ein liebevoll zubereitetes und gesundes Frühstück ist für mich der perfekte Start in den Tag. Am liebsten mag ich knuspriges Granola mit frischen Früchten, auf Joghurt oder mit Milch, oder als Topping auf meinen Pancakes oder einer Bowl. Wer denkt, das sei langweilig, wird eines Besseren belehrt: Denn Granola ist nicht gleich Granola. Durch verschiedene Gewürze, Nüsse und Getreidesorten kommt Vielfalt in die Schüssel. Granola lässt sich gut vorbereiten und aufbewahren und ist deshalb optimal für den schnellen Frühstücker. Wenn am Morgen mehr Zeit ist, kannst du dir auch ganz gemütlich Pancakes zubereiten. Und wer seine Familie oder Freunde besonders beglücken will, kann mit raffinierten Aufstrichen, aromatisierter Butter und selbst gemachter Marmelade punkten.

Buchweizen-Früchte-Granola mit SELBST GEMACHTEM MANDELDRINK

BUCHWEIZEN | DATTEL | CRANBERRY | PISTAZIE | MANDEL

FÜR 4 PERSONEN

FÜR DEN MANDELDRINK

200 g Mandeln

FÜR DAS GRANOLA

100 g reife Banane
2 EL Ahornsirup
1 TL gemahlener Ceylon-Zimt
frisch geriebene Tonkabohne
50 g getrocknete entkernte Datteln
70 g Buchweizen
40 g Mandeln
60 g Sonnenblumenkerne
2 EL Kürbiskerne
70 g Rosinen
50 g Cranberrys
2 EL Pistazienkerne

ZUM SERVIEREN

100 g Früchte nach Wahl

vegan | glutenfrei | laktosefrei

Einen Nussdrink selbst zu machen, ist wirklich einfach. Das Tolle ist: Man kann jede Sorte von Nüssen oder Kernen verwenden und hat eine sehr gesunde und natürliche Alternative zu tierischer Milch. Wer es gern süßer mag, kann beim Mixen Datteln hinzufügen. Der Mandeldrink hält sich im Kühlschrank 2–3 Tage und ist die perfekte Begleitung zu einem kernigen Granola. Übrigens: Den Trester, also das ausgepresste Mandelpüree, kann man ausbreiten, kurz im Ofen trocken und daraus Energyballs zubereiten (siehe S. 68).

ZUBEREITUNG

Für den Mandeldrink die Mandeln kurz in einer Pfanne ohne Fett rösten. Dann in eine Schüssel geben, mit 1 l Wasser bedecken und über Nacht einweichen lassen. Das Wasser am nächsten Morgen abgießen, die Mandeln abspülen und mit 1 l frischem Wasser in einem Hochleistungsmixer mehrere Minuten pürieren. Eine Schüssel mit einem Passiertuch auslegen, das dickflüssige Mandelpüree hineingeben und durch das Tuch in die Schüssel passieren. Das Mandelpüree dabei kräftig auspressen. Den fertigen Mandeldrink in einer geschlossenen Glasflasche im Kühlschrank aufbewahren.

Für das Granola den Ofen auf 180 °C (Ober-/Unterhitze) vorheizen und ein Backblech mit Backpapier belegen.

Die Banane zerdrücken und mit Ahornsirup, Zimt und 1 Prise Tonkabohne verrühren. Die Datteln fein hacken. Datteln, Buchweizen, Mandeln, Sonnenblumenkerne, Kürbiskerne, Rosinen und Cranberrys zur Banane geben. Alles gut miteinander vermischen und auf dem Backblech verteilen.

Das Granola im Ofen auf der zweiten Schiene von unten etwa 20 Minuten backen. Mehrmals durchrühren und immer wieder einen Blick daraufwerfen, denn das Granola verbrennt leicht. Das fertige Granola abkühlen lassen, dabei gelegentlich wenden. Die Pistazien grob hacken und unterheben. Das vollständig ausgekühlte Granola in einem Glasgefäß mit Deckel aufbewahren.

Das Granola mit Früchten und Mandeldrink servieren.

Schoko-Granola mit BLUTORANGENSIRUP

ZIMT | SCHOKOLADE | NUSS | GRANATAPFEL | BLUTORANGE

FÜR 4 PERSONEN

FÜR DAS GRANOLA

100 g Mandeln

50 g Sonnenblumenkerne

50 g Chia-Samen

100 g Pekannusskerne

80 g Haselnusskerne

3 EL geschroteter Leinsamen

3 EL Honig (wahlweise Ahornsirup)

2 TL gemahlener Ceylon-Zimt

2 EL Backkakao

50 g Raw Chocolate (100 %) (alternativ Kakao-Nibs)

FÜR DEN SIRUP

2 Blutorangen

ZUM SERVIEREN

½ Granatapfel

400 g griechischer Joghurt

glutenfrei

Man kann nie genug Granola vorrätig haben: fürs Frühstück, für den kleinen Hunger zwischendurch oder wenn einen die Naschlust überkommt. Das Tolle ist, dass man beim Granola so wunderbar kreativ sein und die Zutaten nach Lust und Laune zusammenstellen kann. Lediglich das Verhältnis von trockenen und flüssigen Zutaten muss stimmen. Zu diesem Schoko-Granola passen auch Walnüsse, Erdnüsse, Pinienkerne oder Rosinen, eine Prise Tonkabohne oder Vanillemark, aber auch Kardamom ist prima … ganz wie du Lust hast.

ZUBEREITUNG

Den Ofen auf 180 °C (Umluft) vorheizen und ein Backblech mit Backpapier belegen. Die Mandeln grob hacken und mit den Sonnenblumenkernen, Chia-Samen, Pekannüssen, Haselnüssen und Leinsamen in einer großen Schüssel mischen.

Den Honig oder Ahornsirup mit Zimt und Kakaopulver verrühren, zur Nussmischung geben und alles gut verrühren. Die Mischung gleichmäßig auf dem Backblech verteilen.

Das Granola im heißen Ofen (Mitte) 10 Minuten backen. Zwischendurch mehrmals umrühren und wieder gut verteilen. Das Granola aus dem Ofen nehmen und auskühlen lassen. Die Schokolade mittelfein hacken und unter das abgekühlte Granola rühren. Alternativ schmecken auch Kakao-Nibs.

Für den Sirup die Blutorangen auspressen und in einen kleinen Topf geben. Den Saft etwa 10 Minuten bei schwacher Hitze einköcheln lassen, bis ein Sirup entstanden ist. Den Sirup abkühlen lassen.

Die Kerne des Granatapfels auslösen. Den Joghurt auf vier Schüsseln verteilen. Das Granola hinzufügen, mit Granatapfelkernen bestreuen und alles mit dem abgekühlten Blutorangensirup beträufeln.

TIPP | Das Granola hält sich in einem verschlossenen Glasgefäß ein paar Wochen, du kannst also gleich etwas auf Vorrat machen.

Granola mit TONKABOHNE UND KARDAMOM

WALNUSS | CASHEWKERN | COUSCOUS | TONKABOHNE | KARDAMOM

FÜR 4 PERSONEN

FÜR DAS GRANOLA

2 Kardamomkapseln

½ Tonkabohne

140 g Mandeln

140 g Walnusskerne

100 g Cashewkerne

30 g Kürbiskerne

20 g Pinienkerne

40 g Couscous

6 EL Ahornsirup

30 g gehackte Pistazienkerne

ZUM SERVIEREN

Pflanzendrink (nach Belieben)

2 EL Blütenpollen

2 Handvoll Früchte

vegan | laktosefrei
(vegan ohne Blütenpollen)

Ich versuche immer, mehrere Granolas vorrätig zu haben, so haben wir morgens einen gesunden und leckeren Start in den Tag. Doch Granola ist nicht nur als Frühstück mit (Pflanzen-)Milch und frischen Früchten toll: Man kann damit Salate bestreuen, Eis am Stiel verzieren (siehe Frucht-Granola-Popsicles S. 156) oder schokoladige Granola-Riegel (siehe S. 76) zum Naschen für zwischendurch zaubern.

ZUBEREITUNG

Den Ofen auf 180 °C (Umluft) vorheizen. Die Samen aus den Kardamomkapseln herauslösen und in einem Mörser fein zerstoßen. Die Tonkabohne reiben. Alle Zutaten bis auf die Pistazien in einer Schüssel gut mischen.

Die Mischung auf ein mit Backpapier belegtes Backblech geben, gut verteilen und im Ofen ungefähr 10 Minuten rösten. Immer wieder wenden und dabei darauf achten, dass alles gut verteilt ist.

Wenn die Mischung goldgelb ist, aus dem Ofen nehmen und die gehackten Pistazien unterheben. Das Granola vollständig auskühlen lassen und in einem gut schließenden Glasgefäß aufbewahren.

Zum Servieren mit Pflanzendrink aufgießen, Blütenpollen darüberstreuen und mit Früchten dekorieren.

TIPP

Man kann Nüsse und Kerne ganz nach Lust und Laune kombinieren, wichtig ist nur das Verhältnis von trockenen Zutaten und Ahornsirup: Mit 6 EL Ahornsirup auf 500 g Nüsse und Kerne wird das Granola genau richtig süß.

Pfeffriges Granola mit ERDNUSS-DATTEL-CREME

MANDEL | BUCHWEIZEN | BENGALISCHER LANGPFEFFER | RAW CHOCOLATE

FÜR 4 PERSONEN

FÜR DAS GRANOLA

180 g Mandeln

30 g gehobelte Mandeln

90 g Buchweizen

2 EL Kokosöl

2 EL Honig

4 Stangen Bengalischer Langpfeffer

100 g Raw Chocolate (100 %)

FÜR DIE ERDNUSS-DATTEL-CREME

200 g getrocknete entkernte Datteln

2 EL Erdnussmus

ZUM SERVIEREN

2 Avocados

60 g Erdbeeren

Mandeldrink (siehe S. 18)

glutenfrei | laktosefrei

Wenn ich mal nicht weiß, was ich frühstücken möchte: Ein Granola geht immer. Meist esse ich es einfach so mit etwas Nussdrink und Früchten. Aber auch diese pfeffrige Variante, serviert mit Avocado und Erdbeere, ist superköstlich. Selbst gemachtes Granola ist übrigens auch immer ein nettes Mitbringsel, wenn man Freunde besucht.

ZUBEREITUNG

Den Ofen auf 180 °C (Ober-/Unterhitze) vorheizen. Ein Backblech mit Backpapier belegen.

Für das Granola die ganzen und die gehobelten Mandeln mit dem Buchweizen mischen. Flüssiges Kokosöl, Honig und den gemörserten Pfeffer unterrühren. Das Granola auf dem Backblech verteilen und im Ofen (Mitte) 8–10 Minuten rösten, nach der Hälfte der Zeit einmal umrühren. Herausnehmen und auf dem Backblech auskühlen lassen. Einmal durchrühren.

Die Schokolade hacken und unter das vollständig abgekühlte Granola rühren.

Die Datteln mit dem Erdnussmus und 120 ml Wasser in ein hohes Gefäß geben und mit einem Stabmixer zu einer Creme mixen.

Das Granola in kleinen Schalen anrichten und die Erdnuss-Dattel-Creme dazugeben. Die Avocados halbieren, den Kern entfernen und das Fruchtfleisch quer in Scheiben schneiden. Mit einem Löffel auslösen und auf dem Granola verteilen. Die Erdbeeren waschen, trocken tupfen, halbieren und ebenfalls auf dem Granola verteilen. Mit Mandeldrink servieren.

Açai- BOWL

AÇAI | BANANE | KOKOS | BEEREN

FÜR 1 PERSON

200 g gefrorene Bananenscheiben
200 g TK-Brombeeren
200 ml Joghurt (3,5 % Fett)
2 EL Açai-Pulver
1 Handvoll gemischte Beeren
ein paar Kirschen
2 EL Kokosraspel
1 TL Chia-Samen

glutenfrei

Eisiges Frühstücksglück! Wer träumt nicht davon, ganz ohne schlechtes Gewissen ein leckeres Eis zum Frühstück zu essen? Mit dieser Açai-Bowl gelingt das garantiert. Die Cremigkeit entsteht durch gefrorene Früchte. Das Açai-Pulver, gewonnen aus einer Beere, die im Amazonasgebiet heimisch ist, kurbelt den Stoffwechsel an und enthält Dutzende Antioxidantien. Für das restliche Glück sorgen eine Handvoll gemischtes Lieblingsobst und ein wenig Knusperkram.

ZUBEREITUNG

Die gefrorenen Bananenscheiben und die TK-Brombeeren zusammen mit dem Joghurt und dem Açai-Pulver in einen Hochleistungsmixer geben und so lange mixen, bis eine cremig-eisige Masse entsteht. Das eisige Frühstücksglück nun noch mit den Beeren und Kirschen belegen und Kokosflocken und Chia-Samen darüberstreuen. Schnell löffeln und sein Glück kaum fassen können: gesundes Eis zum Frühstück!

Man kann diese Açai-Bowl natürlich auch mit anderen Früchten zubereiten. Anstatt der gefrorenen Brombeeren passen z. B. auch Himbeeren, Heidelbeeren, Kirschen oder Erdbeeren.

TIPP | Das Granola hält sich in einem verschlossenen Glasgefäß ein paar Wochen, du kannst also gleich etwas auf Vorrat machen.

Lebkuchen-GRANOLA-BOWL

BUCHWEIZEN | MANDEL | HASELNUSS | ZIMT | KARDAMOM | KORIANDER | ORANGE

FÜR 250G GRANOLA

FÜR DAS GRANOLA

1 Bio-Orange

100 g Buchweizen

110 g Mandeln

30 g Kürbiskerne

45 g Haselnusskerne

20 g gehackte Pistazienkerne

2 EL Ahornsirup

1 EL schwarzer Sesam

¼ TL frisch geriebene Muskatnuss

2 ½ TL gemahlener Zimt

½ TL gemahlener Anis

½ TL gemahlener Kardamom (alternativ 1 Kardamomkapsel, Samen ausgelöst und gemahlen)

½ TL gemahlener Koriander

Salz

ZUM SERVIEREN

½ Grapefruit pro Person

Joghurt

2 EL Granatapfelkerne pro Person

1 EL gehackte getrocknete Aprikosen

glutenfrei

Lebkuchengewürze, Nüsse, Orange und Ahornsirup – alle vereint in einem köstlich-knusprigen Granola. Die Variante gehört zu meinen absoluten Klassikern und muss bei mir, gerade im Winter, immer vorrätig sein. Man kann dieses Granola auf viele Arten kombinieren. Mit Joghurt, Grapefruit, Granatapfel und kandiertem Ingwer ist es ein köstliches Winterfrühstück.

ZUBEREITUNG

Für das Granola den Ofen auf 180 °C (Umluft) vorheizen. Die Orange heiß abwaschen, trocken tupfen und die Schale fein abreiben. Den Abrieb mit den restlichen Zutaten sowie 1 Prise Salz in eine Schüssel geben und gut miteinander mischen. Das Granola auf ein mit Backpapier belegtes Blech geben und im heißen Ofen (Mitte) etwa 15 Minuten rösten. Dabei immer wieder mal wenden.

Zum Servieren die Grapefruit in Scheiben schneiden. Das Lebkuchen-Granola mit Joghurt, Grapefruit, Granatapfelkernen und gehackten getrockneten Aprikosen in einer Schüssel anrichten.

Frühstücksglück
MIT FRENCH TOAST

RHABARBER | ZIMT | GRANOLA | SKYR

FÜR 4 PERSONEN

FÜR DIE KONFITÜRE

500 g Rhabarber

5 EL Kokosblütenzucker

FÜR DEN FRENCH TOAST

8 Scheiben Dinkel-Toastbrot

50 ml Milch

2 Eier

½ TL gemahlener Zimt

Salz

4 TL Kokosblütenzucker

2 EL Butter

120 g Skyr

Granola (nach Belieben, z. B. Lebkuchen-Granola, S. 28)

AUSSERDEM

runder Ausstecher (8 cm Ø)

4 Marmeladengläser (à ca. 250 ml)

Ein Frühstück im Glas, das wirklich glücklich macht: zimtiger French Toast, geschichtet mit Rhabarberkonfitüre, Granola und Skyr, einem traditionellen isländischen Milchprodukt. Zum Reinlegen gut. Ein kleines Gläschen, und schon startet man satt und glücklich in den Tag.

ZUBEREITUNG

Für die Konfitüre den Rhabarber waschen, schälen, in kleine Stücke schneiden und mit dem Kokosblütenzucker in einen Topf geben. Bei mittlerer Hitze etwa 10 Minuten köcheln lassen.

Für den French Toast Kreise aus dem Toastbrot ausstechen. Milch, Eier, Zimt, 1 Prise Salz und Kokosblütenzucker in einer flachen Schale verquirlen und die Toastkreise darin wenden. Die Butter in einer Pfanne zerlassen und die Toasts auf beiden Seiten goldgelb braten.

In jedes Marmeladenglas abwechselnd French Toast, Rhabarberkonfitüre, Skyr und etwas Granola schichten – jeweils 2 Schichten. Zum Schluss mit etwas Granola garnieren ... und genießen.

7 Mistel
S. 70
8.Nelkenwurz
S. 71

Bananen-Pancakes mit
BUCHWEIZEN-DATTEL-GRANOLA

BANANE | NUSS | DATTEL | BUCHWEIZEN | BLÜTENPOLLEN | HONIG

FÜR 4 PERSONEN

FÜR 200 G GRANOLA

100 g Buchweizen

40 g gehobelte Mandeln

30 g Kürbiskerne

45 g grob gehackte Haselnusskerne

20 g gehackte Pistazienkerne

2 EL Ahornsirup

4 EL grob gehackte Datteln

1 TL gemahlener Zimt

Salz

2 EL Blütenpollen

FÜR DIE PANCAKES

140 g Haferflocken

4 EL Dinkelmehl (Type 630)

260 ml Mandeldrink

170 g Banane

4 TL Backpulver

3 TL Leinsamen

2 TL Flohsamenschalen

Kokosöl zum Ausbacken

Joghurt (nach Belieben)

Honig (nach Belieben)

Pancakes mit Bananen geben mir Power für einen langen Tag. Das Granola, vollgepackt mit leckersten Nüssen, Kernen und Blütenpollen, macht nicht nur crunchigen Spaß beim Essen, sondern sorgt für einen zusätzlichen Powerschub. So energiegeladen kann man gut in den Tag starten.

ZUBEREITUNG

Für das Granola den Ofen auf 180 °C (Umluft) vorheizen. Alle Zutaten (mit Ausnahme der Blütenpollen) mit 1 Prise Salz in eine Schüssel geben und gut miteinander mischen. Auf ein mit Backpapier belegtes Blech geben und im heißen Ofen (Mitte) etwa 15 Minuten rösten. Zwischendurch ab und zu wenden. Das fertige Granola herausnehmen, abkühlen lassen und die Blütenpollen untermischen.

Für die Pancakes alle Zutaten in einen Mixer geben und zu einem homogenen Teig verarbeiten. Etwas Kokosöl in eine Pfanne geben und mit einem Küchentuch auswischen, damit nicht zu viel Öl in der Pfanne ist. Dann die Pancakes portionsweise backen: Nur jeweils 1 EL Teig pro Pancake in die Pfanne geben, denn kleine Pancakes lassen sich leichter wenden. Die fertigen Pancakes mit dem Buchweizen-Dattel-Granola und, nach Belieben, mit Joghurt und Honig servieren.

Kokos-Pancakes
MIT HIMBEERKONFITÜRE

KOKOSNUSS | HIMBEER | VANILLE

FÜR 2 PERSONEN

150 g Vollkornmehl

20 g Kokosraspel

1 ½ TL Backpulver

2 EL Kokosblütenzucker

¼ TL Salz

150 ml Kokosmilch (aus der Dose)

120 ml Milch

1 Ei

1 EL zerlassene Butter

2 EL Kokosöl

ZUM SERVIEREN

Himbeerkonfitüre mit Vanille (siehe S. 40)

2 EL Kokosraspel

An einem langen arbeitsfreien Wochenende liebe ich es, Pancakes zum Frühstück zu machen. Es ist meist etwas aufwendiger, als Brötchen zu kaufen und mit Käse, Wurst, Marmelade und Obst auf den Tisch zu stellen. Doch Pancakes noch im Schlafanzug zuzubereiten, hat für mich etwas ganz Heimeliges und ich genieße es sehr, danach den halben Tag mit meiner Familie auf der Couch zu lümmeln und Zeit miteinander zu verbringen. Pancakes sind für solch wunderbare Momente der perfekte Start.

ZUBEREITUNG

Für die Pancakes zunächst die trockenen Zutaten in einer Schüssel vermischen. Kokosmilch, Milch, Ei und Butter langsam zu den trockenen Zutaten geben. Es dürfen ruhig noch ein paar kleinere Klümpchen zu sehen sein, den Teig also nicht zu lang rühren. Eine große Pfanne erhitzen, ein wenig Kokosöl hineingeben und die Pancakes bei mittlerer Hitze portionsweise backen. Zwischendurch immer wieder etwas Kokosöl hinzugeben.

Ich portioniere den Teig am liebsten mit einer recht kleinen Suppenkelle, so bekomme ich immer gleich große Pancakes. Wenn man den Teig sehr langsam in die Pfanne gießt, entsteht eine wunderbar runde Form. Wenn der Teig unten schon fest ist und oben leichte Blasen wirft, den Pancake mithilfe eines Teigschabers wenden. Die fertigen Pancakes im Ofen bis zum Verzehr warm halten.

Ich liebe einen Klecks Himbeerkonfitüre mit Vanille und etwas Kokosraspeln dazu. Einfach himmlisch!

Brombeer-Chia-Konfitüre
MIT THYMIAN UND PFEFFER

BROMBEERE | THYMIAN | VOATSIPERIFERY-PFEFFER

FÜR 1 GLAS (À 200G)

200 g Brombeeren
2 Zweige Thymian
2 getrocknete entkernte Datteln
3 TL Kokosblütenzucker
Salz
2 Msp. Voatsiperifery-Pfeffer
2 EL Chia-Samen

AUSSERDEM

Schraubglas (200 ml)

vegan | glutenfrei | laktosefrei

Konfitüre ohne raffinierten Zucker zu machen, ist einfacher als gedacht. Man kann sie ganz wunderbar mit Johannisbrotkernmehl (siehe S. 40) andicken – oder mit Chia-Samen, so wie bei dieser Variante. Das Tolle ist, dass man die Früchte dadurch viel intensiver schmeckt. Die eigene Süße wird hier noch mit einer kleinen Menge an Datteln und Kokosblütenzucker unterstützt. Thymian und Pfeffer passen prima zur Brombeerkonfitüre, wer es aber lieber klassisch mag, kann sie weglassen. Die Konfitüre schmeckt auch mit Vanille.

ZUBEREITUNG

Die Brombeeren verlesen, in einen Topf geben und mit einem Schuss Wasser bei schwacher Hitze köcheln lassen, bis sie zerfallen. Die Thymianblättchen von den Zweigen streifen und die Datteln grob hacken.

Brombeeren und Dattelstücke in ein hohes Gefäß geben und mit dem Stabmixer pürieren. Den Kokosblütenzucker unter die noch warme Brombeerkonfitüre rühren und mit 1 Prise Salz und dem Pfeffer abschmecken. Chia-Samen und Thymianblättchen unterrühren.

Die Konfitüre in ein Schraubglas geben und im Kühlschrank aufbewahren. Sie hält sich dort einige Tage.

TIPP | Die Konfitüre passt auf klassische Frühstücksbrötchen, aber auch zu den Kokos-Pancakes (siehe S. 36). Wer es dazu nicht so würzig mag, lässt einfach Thymian und Pfeffer weg und verfeinert die Konfitüre mit Vanille.

Tafel III
1. Brombeere
S. 39
8. Ehrenpreis
S. 39
Thymi

Himbeerkonfitüre MIT VANILLE

HIMBEERE | VANILLE | TONKABOHNE

FÜR 1 GLAS (À 500G)

500 g Himbeeren
Mark von 1 Vanilleschote
1 ½ EL Kokosblütenzucker
frisch geriebene Tonkabohne
1 TL Johannisbrotkernmehl

AUSSERDEM

Schraubglas (500 ml)

vegan | glutenfrei | laktosefrei

Diese Konfitüre wird nicht lang gekocht. Die Himbeeren werden einfach mit etwas Kokosblütenzucker, Vanille und Tonkabohne püriert und dann mit Johannisbrotkernmehl angedickt. Man braucht kaum Zucker, alle Vitamine, Mineralstoffe und Antioxidantien bleiben erhalten, und vor allem: Du schmeckst so die pure Frucht.

ZUBEREITUNG

Die Himbeeren verlesen und in ein hohes Gefäß geben. Das Vanillemark mit dem Kokosblütenzucker zu den Himbeeren geben. Die Himbeeren mit einem Stabmixer pürieren. Wer mag, kann die Konfitüre anschließend durch ein feines Haarsieb passieren, um die Kernchen zu entfernen.

Die Konfitüre mit 1 Prise Tonkabohne abschmecken. Das Johannisbrotkernmehl hinzufügen und sehr sorgfältig verrühren. Die Konfitüre dickt nach kurzer Zeit etwas an.

TIPP

Statt mit Himbeeren kannst du diese Konfitüre natürlich auch mit anderen Früchten machen. Leckere Varianten sind zum Beispiel Brombeere mit Pfeffer, Erdbeer-Rhabarber mit Vanille, Himbeer-Chili, Pfirsich-Basilikum ... deiner Fantasie sind keine Grenzen gesetzt. Die Konfitüre hält sich in einem verschlossenen Schraubglas im Kühlschrank einige Tage.

Pfirsich-Rosen-BUTTER

PFIRSICH | SALZ | ROSENBLÜTE

FÜR 1 GLAS (À 100G)

250 g süße Sahne
100 g fester Pfirsich
1 EL Kokosblütenzucker
2 TL fein gemörsertes Meersalz
3 EL getrocknete Rosenblütenblätter

AUSSERDEM

Schraubglas (100 ml)

glutenfrei

Ich liebe selbst gemachte Butter. Die Süße der Sahne, kombiniert mit Meersalz, macht sie zu etwas ganz Besonderem. Diese Variante mit geröstetem Pfirsich und Rosenblütenblättern duftet blumig-süß und ich habe dabei sofort eine edle Teatime mit Biskuits und einem frisch gebrühten Darjeeling im Kopf. Ein passendes Rezept dazu sind zum Beispiel die Dinkelbiskuits (siehe S. 122) oder die Biskuits mit pfeffrigen Erdbeeren (siehe S. 126).

ZUBEREITUNG

Für die selbst gemachte Butter die kalte Sahne in einen Messbecher geben, mit dem Handrührgerät erst zu Sahne schlagen und dann so lange weiterschlagen, bis sich die flüssigen von den festen Bestandteilen trennen. Das dauert ungefähr 5 Minuten. Die entstandene Butter herausnehmen (die Flüssigkeit kann weggegossen werden), fest zwischen den Händen pressen und so die restliche Flüssigkeit herausdrücken.

Den Pfirsich waschen, halbieren, entsteinen und in ungefähr 1 x 1 cm große Würfelchen schneiden. Eine Pfanne erhitzen, einen Teelöffel der selbst gemachten Butter zerlassen und die Pfirsichwürfel darin kurz rösten. Den Zucker dazugeben, die Pfirsiche leicht karamellisieren und dann in einer Schale abkühlen lassen.

Die restliche Butter mit Pfirsichwürfeln, Meersalz und Rosenblütenblättern verrühren. Die Pfirsich-Rosen-Butter am besten im Kühlschrank aufbewahren. Einige Zeit vor dem Verzehr herausnehmen, damit sie wieder schön streichfähig wird und ihr Aroma voll entfaltet.

Pekannuss-
BUTTER

PEKANNUSS | VANILLE | MEERSALZ

FÜR 1 GLAS (À 200G)

200 g Pekannusskerne
¼ TL Meersalz
Mark von 1 Vanilleschote

AUSSERDEM

Schraubglas (200 ml)

vegan | glutenfrei | laktosefrei

Ich habe eine Schwäche für Nussbutter. Der Geschmack von Nüssen ist sehr intensiv und man kann sie mit unendlich vielen leckeren Dingen kombinieren. Mit Waffeln, Pancakes, in Smoothies oder sogar auf Eis. Aber auch pur auf dem Brötchen oder Brot schmeckt Nussbutter ganz hervorragend. Die Pekannussbutter mit Vanille und Meersalz, dazu ein Dinkel-Vollkorn-Croissant und ein Tee – so sieht bei mir ein schnelles Frühstück aus.

ZUBEREITUNG

Eine Pfanne erhitzen und die Pekannüsse bei mittlerer Hitze einige Minuten rösten, bis sie anfangen zu duften. Das Meersalz fein mörsern. Die Nüsse in einen Hochleistungsmixer geben, das Vanillemark und das Salz dazugeben und die Nüsse zunächst auf einer langsamen Stufe mahlen, nach kurzer Zeit dann auf der höchsten Stufe mixen. Die Nüsse zwischendurch mit einem Stößel immer wieder in Richtung der Klingen drücken. Zunächst entsteht „Nussmehl", nach 1–2 Minuten wird daraus eine cremige glänzende Butter. Die Pekannussbutter in ein sauberes Schraubglas füllen und im Kühlschrank aufbewahren.

Kürbiskern-
BUTTER

KÜRBISKERN | HONIG | CHILI

FÜR 1 GLAS (À 200G)

200 g Kürbiskerne

1 EL Waldhonig

¼ TL Meersalz

1 getrocknete rote Chilischote

AUSSERDEM

Schraubglas (200 ml)

glutenfrei | laktosefrei

Diese Butter schmeckt sehr intensiv nach Kürbiskernen, ist recht scharf und unglaublich nussig im Geschmack. Ich liebe sie sehr und mache sie immer wieder, denn sie gehört für mich zu meinen liebsten Frühstücksaufstrichen.

ZUBEREITUNG

Eine Pfanne erhitzen und die Kürbiskerne bei mittlerer Hitze einige Minuten rösten, bis sie anfangen zu duften und aufzuplatzen. Den Honig dazugeben und unter die Kürbiskerne rühren, bis alle vom Honig bedeckt sind. Die Kerne abkühlen lassen und dann in einen Hochleistungsmixer geben. Das Meersalz fein mörsern und zusammen mit der Chilischote ebenfalls in einen Mixer geben und alles zunächst auf einer langsamen Stufe, nach kurzer Zeit dann auf der höchsten Stufe mixen. Die Kerne mit einem Stößel immer wieder in Richtung der Klingen drücken. Zunächst entsteht eine Art Mehl, nach 1–2 Minuten wird daraus eine cremig glänzende Butter. Die scharfe Kürbiskernbutter in ein sauberes Schraubglas füllen und im Kühlschrank aufbewahren.

Gebrannte-Mandel-
BUTTER

GEBRANNTE MANDEL | ZIMT | ESPRESSO

FÜR 1 GLAS (À 200G)

200 g Mandeln
3 EL Kokosblütenzucker
1 ½ TL Zimt
1 ½ TL Espressopulver
Salz

AUSSERDEM

Schraubglas (200 ml)

vegan | glutenfrei | laktosefrei

Diese Butter aus gebrannten Mandeln sorgt sofort für weihnachtliche Stimmung. Sobald man an ihr schnuppert, schlendert man gedanklich über einen verschneiten Weihnachtsmarkt und knuspert die karamellisierten, noch warmen Mandeln aus der Tüte. Das ist wohlig-warmes Weihnachtsfeeling pur für das ganze Jahr, gefüllt in ein Schraubglas.

ZUBEREITUNG

Eine Pfanne erhitzen und die Mandeln bei mittlerer Hitze kurz rösten. 2 EL Kokosblütenzucker dazugeben und ohne Rühren karamellisieren. Die Mandeln durchrühren, sobald der Zucker geschmolzen ist. Den restlichen Kokosblütenzucker, Zimt, Espressopulver und 1 Prise Salz dazugeben, kurz durchrühren und die gewürzten Mandeln dann auf einem Backpapier abkühlen lassen.

Die abgekühlten Mandeln in einen Hochleistungsmixer geben und zunächst auf langsamer Stufe, nach kurzer Zeit dann auf höchster Stufe mixen, dabei die Masse mit einem Spatel immer wieder in Richtung der Klingen drücken. Zunächst entsteht „Mandelmehl", nach 1–2 Minuten wird daraus eine cremig glänzende Butter. Die Mandelbutter in ein sauberes Schraubglas füllen und im Kühlschrank aufbewahren. Zwischendurch immer wieder daran schnuppern und sich in Weihnachtsstimmung versetzen.

Hibiskus-
BUTTER

HIBISKUSBLÜTE | ROTE BETE | SALZ

FÜR 1 GLAS (À 300G)

25 g getrocknete Hibiskusblüten (alternativ loser Waldfruchttee mit hohem Hibiskusanteil)

250 g Butter

1 EL Rote-Bete-Pulver

¼ TL Salz

AUSSERDEM

Schraubglas (300 ml)

glutenfrei | laktosefrei

Ja, aus Hibiskusblüten kann man so viel mehr machen als eine Beigabe im Champagnerglas. Butter zum Beispiel! Diese pink leuchtende Hibiskusbutter ist wunderhübsch anzuschauen und auch geschmacklich sehr raffiniert. Sie schmeckt sehr intensiv nach Hibiskus und passt als süße Butter zum Frühstückscroissant oder als Begleitung zu meinen Dinkelbiskuits (siehe S. 122). Na, wenn das mal kein Hingucker auf dem Tisch ist.

ZUBEREITUNG

Die Hibiskusblüten mit 100 ml kochendem Wasser überbrühen und so lange ziehen lassen, bis der entstandene Tee abgekühlt ist. Den Hibiskustee durch ein Sieb gießen und in einem Glas auffangen. Die Butter in einem Topf schmelzen, 50 ml Hibiskustee, Rote-Bete-Pulver und Salz dazugeben und alles gut mit einem Löffel mischen.

Die pinke Flüssigkeit durch ein Passiertuch oder ein Geschirrtuch in eine Schüssel abseihen, damit die festen Bestandteile entfernt werden. Eine große Schüssel mit Eiswasser füllen. Die Schüssel mit der flüssigen Butter in das Eiswasser stellen und die Butter so lange rühren, bis sie cremig und dickflüssig wird. Hier ist ein bisschen Fingerspitzengefühl gefragt: Die Butter kann im Eisbad schnell zu fest werden. Man kann sie aber ganz leicht wieder retten, indem man statt Eiswasser ein wenig warmes Wasser in die größere Schüssel gibt, die kleinere Schüssel mit der Butter wieder hineinstellt und so lange rührt, bis sie die perfekte Konsistenz hat und alle Klümpchen gelöst sind.

Die Butter am besten im Kühlschrank aufbewahren und vor Gebrauch auf Zimmertemperatur bringen.

Honig MIT THYMIAN

HONIG | WHISKY | THYMIAN

FÜR 1 GLAS (À 300G)

4 EL frische Thymianblättchen
6 ganze Pfefferkörner
300 g Waldblütenhonig
Salz
frisch gemahlener schwarzer Pfeffer
2 cl Whisky (nach Belieben)

AUSSERDEM

Schraubglas (300 ml)

glutenfrei | laktosefrei

Aromatisierter Honig ist eine tolle Abwechslung und es gibt unendlich viele leckere Varianten. Kräuter in Honig zu integrieren, bringt einen ganz wunderbaren Geschmack. Diese beiden Kombinationen, einmal mit Salbei und einmal mit Thymian, sind schnell gemacht und man hat einen köstlichen Honig fürs Frühstück oder zum Verfeinern von Granolas, Waffeln und Pancakes. Ich verwende am liebsten Waldblütenhonig, denn er bringt schon einen kräutrig-würzigen Geschmack mit. Jeder andere Honig eignet sich aber auch ganz wunderbar.

ZUBEREITUNG

Die Thymianblättchen mit den Pfefferkörnern in ein Gewürzsäckchen geben. Den Honig mit dem Gewürzsäckchen in einen Topf geben, alles langsam erwärmen und bei schwacher Hitze 10 Minuten ziehen lassen. Das Säckchen herausnehmen, den Honig mit 1 Prise Salz und Pfeffer würzen und, nach Belieben, den Whisky dazugeben. Kurz durchrühren, dann den Honig in ein Schraubglas füllen und abkühlen lassen.

Honig MIT SALBEI

HONIG | SALBEI

FÜR 1 GLAS (À 300G)

10 g frische Salbeiblätter
300 g Waldblütenhonig
Salz

AUSSERDEM

Schraubglas (300 ml)

glutenfrei | laktosefrei

ZUBEREITUNG

Die Salbeiblätter in feine Streifen schneiden. Den Honig mit dem Salbei in einen kleinen Topf geben, mit 1 Prise Salz verfeinern, das Ganze langsam erwärmen und bei schwacher Hitze 10 Minuten ziehen lassen. Den Honig in ein Schraubglas füllen und abkühlen lassen.

WHISKEY
FRUCT. PIPER
PFEFFER

Rauchiger

BEEREN-PFEFFER-HONIG

PFEFFER | HONIG | JOHANNISBEERE | HOLUNDERBEERE | HIBISKUSBLÜTE

FÜR 1 GLAS (À 140G)

1 EL schwarze Pfefferkörner

120 g Waldblütenhonig

1 EL getrocknete Johannisbeeren

1 EL getrocknete Holunderbeeren

1 EL getrocknete Hibiskusblüten

AUSSERDEM

Schraubglas (140 ml)

glutenfrei | laktosefrei

Dieser Honig schwirrte mir schon lang im Kopf herum. Die Kombination aus süßem Honig, fruchtigen Beeren und einer starken Pfeffernote schien mir sehr verlockend, und als ich sie ausprobierte, war ich schwer begeistert. Jedoch muss man aufpassen, wie man den Honig einsetzt, denn der Pfeffer entfaltet hier eine kräftige Schärfe.

ZUBEREITUNG

Den Pfeffer sehr grob mörsern, dann in einem beschichteten Topf oder einer Pfanne kurz rösten, bis erste würzige Rauchschwaden aufsteigen. Nun den Honig und die getrockneten Beeren und Blüten dazugeben und etwa 2 Minuten bei mittlerer Hitze erwärmen. Noch warm in ein sauberes Schraubglas mit Deckel füllen und bei Zimmertemperatur aufbewahren.

Der Honig passt wunderbar zu einem Dinkel-Vollkorn-Croissant und Tee. Doch auch über Waffeln, French Toast, Pancakes oder das Frühstücks-Granola geträufelt, macht der Honig was her.

TIPP

Getrocknete Beeren und Blüten sind häufig im Gewürzhandel erhältlich. Doch wer sich nicht scheut, ein wenig Zeit zu investieren, kann sie auch ganz leicht selbst herstellen: In einem Dörrautomaten oder im Backofen bei 90 °C (Umluft) sind die Beeren nach einigen Stunden trocken.

Honig-Mango-
CREME

MANGO | HONIG

FÜR 1 GLAS (À 280G)

1 Mango

80 g Waldblütenhonig

¼ TL Salz

1 frische rote Chilischote (nach Belieben)

AUSSERDEM

Schraubglas (280 ml)

glutenfrei | laktosefrei

Diese Creme ist wunderbar fruchtig und süß. Für mich ist sie die perfekte Begleitung zum Schoko-Granola (anstelle des Blutorangensirups, siehe S. 20). Wer mag, kann die Creme auch pikant schärfen: Cayennepfeffer oder eine hineingemixte Chilischote machen aus ihr eine feurige Variante.

ZUBEREITUNG

Die Mango schälen und das Fruchtfleisch vom Stein schneiden. Für die Creme braucht man 200 g Mango-Fruchtfleisch. Das Fruchtfleisch in grobe Stücke schneiden. Mit Honig, Salz und nach Belieben mit der Chilischote in einen Messbecher geben und mit einem Stabmixer zu einer feinen Creme pürieren.

Raw Bites & Energyballs

Nussige Granola Bars, schokoladige Brownie Bites und süße Carrot Cakeballs – das zergeht schon auf der Zunge, wenn man nur den Namen liest. Ob als Bällchen oder in Riegelform, die natürlich gesüßten Häppchen stecken allesamt voller Energie und hochwertiger Zutaten. Sie sind gesunde Snacks für zwischendurch, süße Glücklichmacher für Naschkatzen und können auch prima das Frühstück ersetzen, wenn es mal schneller gehen muss. Im Kühlschrank aufbewahrt, warten diese kleinen Power-Lieferanten nur darauf, dein Soulfood-Herz zu erfreuen.

No Bake
GRANOLA BARS

MANDEL | ROSINE | NUSS | CRANBERRY | ARONIA | ZIMT | TONKABOHNE

FÜR 4 PERSONEN

100 g Mandeln

150 g Studentenfutter (Nüsse, Rosinen)

20 g Sonnenblumenkerne

30 g getrocknete Cranberrys

20 g getrocknete Aroniabeeren

55 g glutenfreie Haferflocken

50 g Kokosöl

150 ml Honig

1 TL gemahlener Ceylon-Zimt

Salz

frisch geriebene Tonkabohne

AUSSERDEM

rechteckige Backform (ca. 20 x 10 cm)

glutenfrei | laktosefrei

Das hier sind die perfekten selbst gemachten Müsliriegel für ein kleines Frühstück oder den kleinen Süßigkeiten-Jieper am Nachmittag. Anstatt zu ungesunden Schokoriegeln zu greifen, mache ich mir lieber diese knackigen honiggesüßten Granolariegel mit jeder Menge Nuss-Power. So weiß ich, dass ich meinen Körper auf gesunde Art mit Energie versorge.

ZUBEREITUNG

Mandeln, Studentenfutter, Sonnenblumenkerne, Cranberrys, Aroniabeeren und Haferflocken in einer großen Schüssel mischen.

Das Kokosöl mit dem Honig in einem kleinen Topf zum Kochen bringen, etwa 2 Minuten köcheln lassen und mit Zimt, 1 Prise Salz und 1 Prise Tonkabohne würzen. Die Kokosöl-Honig-Mischung zu der Mandel-Beeren-Mischung geben und sorgfältig umrühren.

Eine Backform mit Backpapier belegen und die Mischung hineingeben. Gut verteilen und mit den Händen andrücken. Alles 2 Stunden im Kühlschrank fest werden lassen, dann in Riegel in der gewünschten Größe schneiden. Die No Bake Granola Bars in einem luftdicht verschlossenen Behälter im Kühlschrank aufbewahren.

Raw Brownie Bites
MIT KARAMELL UND MEERSALZ

DATTEL | ERDNUSS | KAKAO | CEYLON-ZIMT | KÜRBIS | VANILLE | KOKOSMILCH

FÜR 4 PERSONEN

FÜR DEN KARAMELL

200 ml Kokosmilch (aus der Dose)

60 ml Ahornsirup

Salz

1 TL Kokosöl

FÜR DIE ERSTE SCHICHT

350 g Hokkaidokürbis

1 EL Dattel-Erdnuss-Creme (siehe zweite Schicht)

80 g getrocknete entkernte Datteln

2 EL Backkakao

120 g Haselnusskerne

½ TL Salz

Mark von ½ Vanilleschote

1 TL gemahlener Ceylon-Zimt

2 EL Johannisbrotkernmehl

Diese Brownies sind so lecker, dass man gar nicht mehr aufhören kann zu naschen. Sie sind süß, cremig, haben etwas Biss, und der Karamell obendrauf ist eine Wucht. Er ist kaum von herkömmlichem Karamell zu unterscheiden, enthält aber keinen raffinierten Zucker – man kann ihn über allen möglichen Süßkram träufeln.

ZUBEREITUNG

Für den Karamell die Kokosmilch mit dem Ahornsirup und 1 Prise Salz in einen Topf geben. Etwa 30 Minuten bei schwacher Hitze köcheln lassen, währenddessen immer wieder umrühren. Dabei karamellisiert die Kokosmilch. Das Kokosöl unterrühren und weitere 2 Minuten köcheln lassen, dann den Karamell in ein Glasgefäß gießen.

Für die erste Schicht der Raw Brownie Bites den Kürbis waschen, Kerne und Fasern entfernen, das Kürbisfleisch in Würfel schneiden und etwa 10 Minuten weich kochen. In einem Sieb abtropfen und auskühlen lassen.

In der Zwischenzeit für die zweite Schicht die Datteln mit den Erdnüssen in einem Hochleistungsmixer zu einer Creme pürieren.

Die Backform leicht ausfetten und mit Frischhaltefolie auslegen.

Für die erste Schicht 185 g des gekochten Kürbisses mit der Dattel-Erdnuss-Creme, Datteln, Kakaopulver, Haselnüssen, Salz, Vanillemark und Zimt im Mixer zu einer homogenen Masse mixen. Es dürfen noch Nussstückchen zu sehen sein. Das Johannisbrotkernmehl unterrühren und die Mischung in die vorbereitete Backform geben, gut verteilen und fest andrücken.

Weiter geht's auf der nächsten Seite.

FÜR DIE ZWEITE SCHICHT

30 g getrocknete entkernte Datteln

100 g geröstete, gesalzene Erdnusskerne

FÜR DIE DRITTE SCHICHT

2 EL flüssiges Kokosöl

Mark von ½ Vanilleschote

1 TL Backkakao

2 TL Dattel-Erdnuss-Creme (siehe zweite Schicht)

Salz

3 EL Ahornsirup

1 TL Johannisbrotkernmehl

ZUM GARNIEREN

Meersalz (nach Belieben)

AUSSERDEM

Springform (20 cm Ø)

vegan | glutenfrei | laktosefrei

Als zweite Schicht die Dattel-Erdnuss-Creme auf die erste Schicht geben, dabei 2 TL zurückbehalten. Die Creme gleichmäßig verstreichen. Die Form ins Gefrierfach stellen.

Für die dritte Schicht den restlichen gekochten Kürbis (etwa 140 g), mit Kokosöl, Vanillemark, Kakaopulver, den restlichen 2 TL Dattel-Erdnuss-Creme, 1 Prise Salz, Ahornsirup und Johannisbrotkernmehl im Mixer zu einer glatten Creme pürieren.

Die Backform aus dem Gefrierfach nehmen, die dritte Schicht auf den anderen beiden Schichten verstreichen und im Gefrierfach weitere 20 Minuten kühlen.

Zum Servieren die Raw Brownie Bites in Rauten schneiden, mit Karamell beträufeln und nach Belieben mit Meersalz bestreuen.

Energy- BALLS

HASELNUSS | DATTEL | KAKAO | ZIMT | LEBKUCHENGEWÜRZ

FÜR CA. 16 STÜCK

FÜR DIE ENERGYBALLS

120 g Haselnusskerne

90 g getrocknete entkernte Datteln

2 EL Backkakao

1 TL Ahornsirup

1 TL gemahlener Ceylon-Zimt

1 Msp. Lebkuchengewürz

Salz

ZUM GARNIEREN

Backkakao

gemahlene Süßholzwurzel

vegan | glutenfrei | laktosefrei

Energyballs mache ich mehrmals die Woche. Sie machen süchtig und versorgen mich sofort mit Energie. Wenn bei Erwachsenen oder Kindern die Naschlust zuschlägt, sind Nüsse, süße Datteln und Kakao ein wunderbarer Ersatz für ungesunde Schokoriegel. Diese Energyballs machen alle happy.

ZUBEREITUNG

Die Haselnüsse in einer Pfanne ohne Fett einige Minuten unter gelegentlichem Rühren rösten. Dann die Nüsse mit den Datteln, Kakao, Ahornsirup, Zimt, Lebkuchengewürz und 1 Prise Salz in einen Hochleistungsmixer geben und zu einer homogenen Masse pürieren.

Die Masse mit den Händen zu kleinen Bällchen formen. Die Bällchen kann man einfach pur genießen oder zum Beispiel in Kakaopulver oder gemahlener Süßholzwurzel wälzen.

Die Energyballs halten sich in einem verschlossenen Gefäß einige Tage im Kühlschrank.

TIPP

Man kann die Energyballs nach Lust und Laune abwandeln: Statt Haselnüssen kann man auch andere Nüsse nehmen oder die gleiche Menge Trester, also das ausgepresste Mandelpüree vom selbst gemachten Mandeldrink (siehe S. 18), verwenden. Toll sind auch andere Trockenfrüchte. Und bei den Gewürzen kann man wunderbar experimentieren: probiert die Bällchen doch mal mit Ingwer!

Peanutbutter ENERGYBALLS

MANDEL | ERDNUSS | DATTEL | SCHOKOLADE | BLÜTEN

FÜR CA. 12 STÜCK

130 g Mandeln

25 g geröstete, gesalzene Erdnusskerne

120 g getrocknete entkernte Datteln

35 g Erdnussmus

3 EL Backkakao

3 EL getrocknete essbare Blüten

vegan | glutenfrei | laktosefrei

Energyballs sind Power-Lieferant Nummer eins bei uns zu Hause. Irgendwie mögen zwar nur wir Mädels diese Dinger, doch das ist mir gerade recht: so bleiben mehr leckere Energyballs für uns übrig. Man kann die Energyballs abwandeln, mehr verschiedene Nüsse verwenden oder mit den Pulvern experimentieren. Schau mal unten in den Tipp.

ZUBEREITUNG

Die Mandeln in einer Pfanne ohne Fett anrösten. Mit Erdnüssen, Datteln und Erdnussmus in einen Hochleistungsmixer geben und zu einer homogen Masse mixen. Es dürfen aber ruhig noch Nussstückchen zu sehen sein, damit die Energyballs einen schönen Biss haben. Aus der Masse kleine Bällchen formen und im Kakaopulver oder den Blüten wälzen.

TIPP

Die Energyballs kannst du in den unterschiedlichsten Pulvern wälzen: Açai-Pulver, Spinat-Pulver, Kokosraspel, gemahlenem Ingwer, gemahlener Kurkuma ... Lass deiner Kreativität ruhig freien Lauf. Wenn du verschiedene Pulver nimmst, macht das auch optisch richtig was her.

Carrot Cake
ENERGYBALLS

MÖHRE | DATTEL | KOKOS | CEYLON-ZIMT | ALLSPICE | VANILLE

FÜR CA. 12 STÜCK

80 g Mandeln
25 g frischer Ingwer
60 g Möhren
95 g getrocknete entkernte Datteln
30 g glutenfreie Haferflocken
45 g Kokosraspel
1 TL gemahlener Ceylon-Zimt
Allspice
Mark von 1 Vanilleschote
30 g Walnusskerne
½ TL Ahornsirup

vegan | glutenfrei | laktosefrei

Es ist immer eine gute Idee, ein paar Energyballs im Kühlschrank zu haben. Sie geben mir zwischendurch Power, wenn ich mal etwas müde bin, oder sind ein tolles Frühstück auf die Hand, wenn es mal schnell gehen muss. Auch meine Tochter liebt Energyballs und ich packe ihr häufig welche in ihre Brotdose für den Kindergarten. Diese Variante hier schmeckt ein bisschen wie ein Möhrenkuchen mit viel Ingwer und Nüssen.

ZUBEREITUNG

Die Mandeln in einer Pfanne ohne Fett anrösten. Ingwer und Möhren schälen und fein raspeln. Die Mandeln mit Ingwer, Möhren, Datteln, Haferflocken, 15 g Kokosraspel, Zimt, 1 Prise Allspice und Vanillemark in einen Mixer geben und zu einer homogenen Masse mixen, die sich leicht zu Bällchen formen lässt. Nicht zu lang mixen, damit noch kleine Mandelstückchen verbleiben, sie geben den Energyballs zusätzlichen Crunch.

Die Walnüsse grob hacken, in einer Pfanne ohne Fett anrösten und mit dem Ahornsirup karamellisieren. Die Walnüsse unter die Masse für die Energyballs rühren. Aus der Masse etwa 12 Bällchen formen und die Energyballs in den restlichen Kokosraspeln wälzen.

Weihnachtliche Bliss Balls
MIT ORANGENSCHALE

HASELNUSS | LEBKUCHENGEWÜRZ | ORANGE

FÜR 4 PERSONEN

FÜR DIE BLISS BALLS

120 g Haselnusskerne
1 Bio-Orange
90 g getrocknete entkernte Datteln
2 EL Backkakao
1 TL Ahornsirup
1 TL gemahlener Zimt
1 ½ TL Lebkuchengewürz
Salz

ZUM GARNIEREN

50 g Schokoladenkuvertüre (100 % Kakao)
1 TL getrocknete Blüten
2 EL Backkakao
1 TL Kokosraspel

vegan | glutenfrei | laktosefrei

Zum Abschluss eines winterlichen Festtagsmenüs serviere ich auch gern mal diese unheimlich leckeren Bliss Balls. Die gesunden Schokopralinen schmecken nicht nur himmlisch weihnachtlich, sondern eignen sich auch wunderbar als Geschenk. Mit Liebe gemacht und verpackt.

ZUBEREITUNG

Die Haselnüsse in einer Pfanne ohne Fett wenige Minuten unter gelegentlichem Rühren rösten. Die Orange waschen, die Schale fein abreiben. Haselnüsse mit Datteln, Kakaopulver, Ahornsirup, Zimt, Lebkuchengewürz, 1 Prise Salz und Orangenschale in einen Hochleistungsmixer geben und zu einer homogenen Masse mixen. Die fertige Masse mit den Händen zu kleinen Bällchen formen.

Die Bällchen kann man pur genießen, in verschiedenen Pulvern wälzen oder mit Schokolade überziehen. Ich habe eine bunte Mischung gemacht.

Zum Garnieren die Kuvertüre über einem Wasserbad schmelzen. Die Hälfte der Bliss Balls in die Kuvertüre tauchen. Auf einen mit Backpapier belegten Teller setzen. Mit Blüten garnieren, solange die Schokolade noch weich ist. Von den verbliebenen Bliss Balls wiederum die Hälfte in Kakaopulver wälzen, einen kleinen Klecks der restlichen Kuvertüre darauf setzen und mit Blüten garnieren. Den Rest der Bällchen in Kokosraspel wälzen.

Die Bällchen halten sich in einem luftdicht verschlossenen Gefäß einige Tage im Kühlschrank.

TIPP

Man kann die Bliss Balls nach Lust und Laune abwandeln. Beispielsweise kann man statt der Haselnüsse auch andere Nüsse nehmen. Auch bei den Gewürzen kann man wunderbar experimentieren. Gemahlener Ingwer eignet sich prima.

Schoko-Granola-RIEGEL

BANANE | ERDNUSS | ZIMT | RAW CHOCOLATE | GRANOLA

FÜR 4 PERSONEN

230 g Banane

60 g Erdnusscreme

2 EL Backkakao

60 ml Ahornsirup

2 TL gemahlener Zimt

80 g Raw Chocolate

240 g Granola (z. B. Granola mit Tonkabohne von S. 22 oder Lebkuchen-Granola von S. 28)

AUSSERDEM

Kuchen- oder Auflaufform (20 x 20 cm)

vegan | glutenfrei | laktosefrei
(glutenfrei je nach Granola)

Diese Riegel haben absolutes Suchtpotenzial und sind dabei ausgesprochen gesund! Wenn ich eine große Menge frisches Granola zubereite, versuche ich immer, auch ein paar von diesen Riegeln zu machen. Wie oft brauche ich zum Frühstück oder zwischendurch etwas Süßes! Anstatt dann voller Reue Berge klassischer Schokolade zu verdrücken, nasche ich lieber genussvoll große Mengen dieser gesunden schokoladigen Leckerei.

ZUBEREITUNG

Den Ofen auf 180 °C (Ober-/Unterhitze) vorheizen. Die Banane mit Erdnusscreme, Kakaopulver, Ahornsirup und Zimt in einen Mixer geben und fein pürieren. Raw Chocolate fein hacken und zusammen mit dem Granola unter das Bananenpüree heben, sodass sich alles gut verbindet.

In eine mit Backpapier ausgelegte Form geben, glatt streichen und im heißen Ofen (Mitte) etwa 15 Minuten backen. Herausnehmen, auf Zimmertemperatur abkühlen lassen und dann weitere 15 Minuten in den Gefrierschrank stellen, damit die Riegelmasse schön auskühlen kann. Aus der Form nehmen und in Riegel schneiden.

TIPP

Für ein Blitz-Schokoeis kannst du gefrorene Banane mit der oben angegebenen Menge an Erdnusscreme, Kakaopulver, Ahornsirup und Zimt in einem Mixer pürieren. Schmeckt superlecker.

Kühle Drinks & Heißgetränke

Wenn es draußen langsam dunkel wird, geht doch nichts über eine warme Tasse in den Händen, aus der es verführerisch duftet. Der mit Kardamom, Zimt und Safran gewürzte Abenddrink oder der Wohlfühl-Schokobecher sind wahre Seelenschmeichler an kalten Wintertagen ... mmmhhh. An heißen Tagen hast du vermutlich eher das Verlangen nach einem kalten, erfrischenden Getränk. Dann probiere doch mal die Pflaumenlimo, die Masala-Chai-Milch oder die geeiste Golden Milk aus. Wichtig dabei ist: Augen schließen und genießen!

Breitkopf & Härtels Musikbücher Nr.

Geeiste GOLDEN MILK

INGWER | KURKUMA | MANDEL | HONIG | ZIMT | KARDAMOM | CAYENNEPFEFFER

FÜR 4 PERSONEN

40 g frischer Ingwer

2 TL Kokosöl

3 TL gemahlene Kurkuma

2 Kardamomkapseln

½ TL frisch gemahlener schwarzer Pfeffer

2 TL gemahlener Ceylon-Zimt

¼ TL Cayennepfeffer

8 TL Honig

1 l Mandeldrink (siehe S. 18)

AUSSERDEM

Eiswürfel

glutenfrei | laktosefrei

Eine Golden Milk trinke ich eigentlich täglich. Vor allem in den kalten Monaten des Jahres wärmt sie Körper und Seele. Weil ich mich auch im Sommer mit der Golden Milk verwöhnen möchte, habe ich eine Variante auf Eis geschaffen. Mit Golden Milk tue ich meiner Seele und meinem Körper Gutes: Sie enthält viel gemahlene Kurkuma. Das Curcumin darin soll antioxidativ, entzündungshemmend und schmerzlindernd wirken. Und der Geschmack meiner Golden Milk ist ohnehin wie Balsam für meine Seele.

ZUBEREITUNG

Den Ingwer schälen und mittelfein hacken. Das Kokosöl in einem Topf bei mittlerer Hitze zerlassen. Kurkuma und 2 TL Wasser hinzufügen und alles zu einer Paste rühren. Den Ingwer hinzugeben. Die Kardamomkapseln öffnen und zur Paste geben. Pfeffer, Zimt, Cayennepfeffer und Honig hinzufügen und alles sorgfältig verrühren. Den Mandeldrink zugießen, die Hitze erhöhen und die Golden Milk unter Rühren einige Minuten sanft köcheln lassen.

Die Golden Milk vom Herd nehmen, abkühlen lassen und durch ein Sieb gießen. Auf Eis servieren.

CORT. CIÑAM
ZIMT

Matcha Latte MIT PISTAZIENDRINK

PISTAZIE | MATCHA

FÜR 4 GLÄSER

FÜR DEN PISTAZIENDRINK (500 ML)

120 g ungeschälte Pistazienkerne

2 getrocknete entkernte Datteln (nach Belieben, siehe Tipp)

AUSSERDEM

4 TL Matchapulver

vegan | glutenfrei | laktosefrei

Ich bin kein Kaffeetrinker und seit einiger Zeit trinke ich nur noch sehr selten schwarzen Tee. Stattdessen trinke ich gern einen Matcha oder Matcha Latte, wenn ich nachmittags mal ein Tief habe. Matcha hat viele gesundheitsfördernde Eigenschaften und macht zudem auf angenehme Weise wach: Man ist konzentriert und wird gleichzeitig ruhiger. Für meinen Matcha Latte nehme ich am liebsten Nussdrinks. Dieser hier ist aus Pistazien und harmoniert super mit dem feinherben Geschmack vom Matcha.

ZUBEREITUNG

Am Vortag die Schalen der Pistazien entfernen und die Pistazienkerne in eine Schüssel geben. Es sollten etwa 100 g sein. Mit 500 ml Wasser bedecken und über Nacht abgedeckt einweichen lassen.

Am nächsten Tag das Wasser abgießen und die Pistazien in einem Sieb abspülen. Die Pistazien mit 500 ml frischem Wasser im Hochleistungsmixer sehr fein pürieren, bis eine dickflüssige Masse entstanden ist. Ein Sieb mit einem Passiertuch auslegen und über eine Schüssel hängen. Die Pistazienmasse hineingießen. Das Tuch fest eindrehen und so die Flüssigkeit aus der Masse herausdrücken. Den Pistaziendrink in eine Glasflasche füllen und verschließen. Der Drink hält sich im Kühlschrank etwa 3–4 Tage.

Für Matcha Latte das Matchapulver in ein hohes Gefäß geben. Den Pistaziendrink in einem kleinen Topf bei schwacher Hitze auf etwa 80 °C erhitzen. Das Matchapulver mit einem kleinen Schuss von dem warmen Pistaziendrink übergießen. Mit einem Quirl aus Metall oder Bambus so lange rühren, bis keine Klümpchen mehr zu sehen sind. Anschließend mit dem restlichen warmen Pistaziendrink aufgießen und den Matcha Latte auf vier Gläser verteilen. Wer mag, kann auch einen Teil des Pistaziendrinks aufschäumen und anschließend auf den Matcha Latte geben.

TIPP

Den Matcha Latte kannst du pur trinken oder mit Kokosblütenzucker oder Ahornsirup süßen. Wenn du den Pistaziendrink süßen möchtest, püriere 2 Datteln mit den Pistazien. Anschließend, wie oben beschrieben, weiterverfahren.

Beruhigender ABENDDRINK

MANDEL | DATTEL | KARDAMOM | ZIMT | SAFRAN | KOKOS

FÜR 1 BECHER

1 gehäufter EL grob gehackte Mandeln
30 g getrocknete entkernte Datteln
1 EL Kokosraspel
1 TL Kokosöl
300 ml Mandeldrink (siehe S. 18)
1 Msp. Safranfäden
1 Kardamomkapsel
½ TL gemahlener Ceylon-Zimt

ZUM GARNIEREN

gemahlener Ceylon-Zimt

vegan | glutenfrei | laktosefrei

In diesen Abenddrink habe ich mich regelrecht verliebt. Schon beim Zubereiten baut sich der Stresslevel ein wenig ab: Die Düfte von Mandeln, Safran, Kardamom und Datteln entführen meine Sinne in eine zauberhafte Traumwelt. Jeder Schluck lässt den hektischen Arbeitsalltag immer mehr verblassen … Ein absoluter Wohlfühldrink, mit dem mein Abend häufig ausklingt.

ZUBEREITUNG

Die Mandeln in einer Pfanne ohne Fett anrösten. Mit Datteln, Kokosraspeln und Kokosöl in einen Mixer geben und mahlen. Das Dattel-Mandel-Mus mit selbst gemachten Mandeldrink, Safranfäden, einer geöffneten Kardamomkapsel und Ceylon-Zimt in einen kleinen Topf geben. Einmal aufkochen und dann mehrere Minuten ziehen lassen. Die Flüssigkeit durch ein Sieb passieren und die festen Bestandteile entsorgen.

Den Abenddrink in eine Tasse geben, nach Belieben mit etwas Zimt bestäuben und vor dem Schlafengehen genießen – oder als entspannter Start in einen hektischen Tag.

Wohlfühl-
SCHOKOBECHER

SCHOKOLADE | ZIMT | ALLSPICE | KURKUMA | TONKABOHNE

FÜR 4 PERSONEN

100 g Schokolade (100 % Kakao)
8 EL Kokosblütenzucker
10 EL Ahornsirup
1 TL gemahlener Ceylon-Zimt
1 TL Allspice
1 TL gemahlene Kurkuma
frisch geriebene Tonkabohne
1 l Mandeldrink (siehe S. 18)

ZUM GARNIEREN

gemahlener Ceylon-Zimt
Backkakao
getrocknete Blüten (nach Belieben)

vegan | glutenfrei | laktosefrei

Ein Becher voller Schokoglück – mit ganz vielen Gewürzen, die glücklich machen. Den Bauch und die Seele.

ZUBEREITUNG

Die Schokolade in Stücke brechen, in einen Topf geben und Kokosblütenzucker, Ahornsirup, Zimt, Allspice, Kurkuma und 1 Prise Tonkabohne dazugeben. 200 ml Mandeldrink zugießen und alles bei schwacher Hitze unter Rühren erwärmen, bis die Schokolade geschmolzen und eine dickflüssige Paste entstanden ist. Weitere 800 ml Mandeldrink hinzufügen, gut verrühren und erwärmen.

Die Wohlfühl-Schokolade in Tassen gießen und mit Zimt, Kakaopulver und getrockneten Blüten nach Belieben bestreuen.

TIPP

Statt mit Mandeldrink kannst du den Wohlfühl-Schokobecher auch mal mit einem selbst gemachten Walnussdrink ausprobieren. Ersetze die Mandeln im Mandeldrink-Rezept einfach 1 : 1 durch Walnusskerne.

Erfrischender

INGWER-MINZ-TEE

ZITRONE | MINZE | INGWER

FÜR 2 GRÖSSERE TASSEN TEE (CA. 500ML)

1 Bio-Zitrone

3 große Stängel frische Minze + 6 Blätter zum Garnieren

40 g Ingwer

Honig zum Süßen

glutenfrei | laktosefrei

Ich bin ein absoluter Tee-Mensch. Schon immer gewesen. Ich zelebriere meine morgendliche Tasse Tee und benutze immer unsere silberne antike Teekanne, die wir zur Hochzeit von meiner Tante und meinem Onkel geschenkt bekommen haben. Und ich trinke meinen Tee grundsätzlich aus meiner Lieblingstasse, denn darin schmeckt der Tee doppelt so gut. Oft trinke ich grünen oder schwarzen Tee, doch immer häufiger auch Tee aus frischen Kräutern wie diesen Ingwer-Minz-Tee. So einfach und doch so gut.

ZUBEREITUNG

Für den Tee 500 ml Wasser aufkochen. In der Zwischenzeit 3 dicke Scheiben Zitronenschale mithilfe eines Sparschälers von der Zitrone schälen. Den Saft der Zitrone auspressen. Die Minze waschen, den Ingwer schälen und in feine Scheiben schneiden.

Die Hälfte des Ingwers, die Zitronenschale und die ganzen Stängel Minze in einen Topf geben, mit dem heißen Wasser übergießen und ungefähr 10 Minuten ziehen lassen. Den so entstandenen Tee durch ein Sieb gießen und mit dem Zitronensaft mischen. In jede Tasse ein paar Scheiben frischen Ingwer und ein paar Blätter Minze geben. Den Tee erneut aufkochen und heiß in die Tassen füllen. Zum Süßen nehme ich gerne Honig.

Letters

Masala-Chai-Milch MIT EARL-GREY-EISWÜRFELN

EARL GREY | MILCH | GEWÜRZNELKE | KARDAMOM | ZIMT | INGWER

FÜR 2 GLÄSER (CA. 400ML)

FÜR DIE EISWÜRFEL

2 TL Earl-Grey-Teeblätter

FÜR DEN TEE

2 Kardamomkapseln

400 ml Milch

1 EL schwarze Teeblätter (z. B. Earl Grey)

¼ TL frisch gemahlener schwarzer Pfeffer

2 Gewürznelken

½ TL gemahlener Zimt oder 1 kleine Zimtstange

2 Scheiben Ingwer

Honig zum Süßen (nach Belieben)

glutenfrei

Masala Chai kommt aus Indien und beschreibt einen starken und mit Gewürzen aromatisierten schwarzen Tee, der mit Milch aufgegossen wird. Ich bin dieser wunderbaren Kombination sofort verfallen und habe meine ganz eigene Variante für heiße Sommertage daraus gemacht: mit Gewürzen und ein wenig schwarzem Tee aromatisierte Milch, die mit Eiswürfeln aus Earl Grey eine Extraportion Abkühlung und einen klaren Kopf bringt.

ZUBEREITUNG

Für die Eiswürfel die Teeblätter in ein Tee-Ei geben, mit 200 ml kochendem Wasser aufgießen und etwa 5 Minuten ziehen lassen. Das Tee-Ei entfernen und den Tee ein wenig abkühlen lassen. Den Tee dann in einen Eiswürfelbehälter gießen und im Gefrierschrank zu Eiswürfeln gefrieren.

Die Kardamomkapseln leicht zerstoßen. Die Milch zusammen mit 1 EL schwarzen Teeblättern, Kardamom, restlichen Gewürzen und Ingwerscheiben in einen Topf geben und einmal aufkochen. Dann die Hitze reduzieren und die Milchmischung 5 Minuten sanft simmern lassen. Den Topf vom Herd nehmen, auf Zimmertemperatur abkühlen lassen und die Milch anschließend durch ein Sieb gießen, um die Gewürze zu entfernen.

3–4 Eiswürfel in jedes Glas geben und mit der Milch übergießen. Die Masala-Chai-Milch kann auf Wunsch noch mit Honig gesüßt werden und sorgt an einem heißen Sommernachmittag für würzige Abkühlung.

Pflaumen-
LIMO

PFLAUME | ZIMT | STERNANIS

FÜR CA. 800ML LIMO

1 kg Pflaumen oder Zwetschgen

1 Zimtstange

4 Sternanis

2 EL Ahornsirup

Saft von 2 großen Zitronen

vegan | **glutenfrei** | **laktosefrei**

Pflaumen gibt es im Spätsommer in Hülle und Fülle. Warum nicht auch mal eine Limo daraus machen? Sternanis und Zimt hauchen der heimischen Frucht ein wenig Exotik ein. Fruchtig und würzig – einfach das perfekte Getränk für ein spätsommerliches Grillen mit Freunden im Garten.

ZUBEREITUNG

Die Pflaumen waschen, vierteln und entkernen. Mit 1 l Wasser, Gewürzen und Ahornsirup in einen Topf geben und 10 Minuten sanft köcheln lassen. Dann alles durch ein Sieb in einen zweiten Topf gießen, dabei die Pflaumen leicht ausdrücken. Den Pflaumensaft zusammen mit dem Zitronensaft aufkochen, 5 Minuten köcheln und dann abkühlen lassen.

Die Pflaumenlimo kann man pur trinken, ich mag sie aber auch gern mit Mineralwasser gestreckt. Das optimale Mischungsverhältnis für ein großes Glas sind für mich 200 ml Limo und 150 ml Mineralwasser.

FESTIVAL!

Chocolate LASSI

ZIMT | GEWÜRZNELKE | KARDAMOM | PUMPKIN SPICE | SCHOKOLADE

FÜR CA. 750ML

2 Kardamomkapseln

400 ml Milch

3 ½ TL gemahlener Zimt

1 Gewürznelke

½ TL Pumpkin Spice

Salz

100 g Schokoladenkuvertüre (100 % Kakao)

220 g kalter Joghurt

2 EL Ahornsirup

3 TL Backkakao

glutenfrei

Der wohl leckerste und würzigste Lassi, den ich je getrunken habe. Schön schokoladig und perfekt als Belohnung nach einem anstrengenden Tag. Denn die vielen Gewürze in diesem Drink machen wach und glücklich. Die Schokolade und der Kakao helfen natürlich auch dabei.

ZUBEREITUNG

Die Kardamomkapseln zerstoßen und zusammen mit Milch, ½ TL Zimt, restlichen Gewürzen und 1 Prise Salz kurz erhitzen, bis die Milch dampft. Vom Herd nehmen, 5 Minuten ziehen lassen und erst dann die Gewürze entfernen. Die Kuvertüre grob hacken. Die Milch erneut erwärmen und die Schokolade unterrühren, bis sie geschmolzen ist. Die Schokoladenmilch im Kühlschrank abkühlen lassen.

Die kalte Schokoladenmilch mit Joghurt und Ahornsirup in einen Mixer geben und kurz mixen, damit sich alles schön verbindet. Den Chocolate Lassi in Gläser füllen. Kakaopulver und 3 TL Zimt miteinander vermischen und den Lassi damit bestäuben.

Gebäck

Manchmal haben wir alle sehnsüchtiges Verlangen nach einem großen Stück Kuchen auf unserem Teller. Meine Kuchenrezepte kannst du ohne Reue genießen. Ich arbeite fast immer mit Obst oder Gemüse, um das Gebäck leichter und gesünder zu gestalten. Dinkel- oder Vollkornmehl und Kokosblütenzucker liefern wertvolle Mineralstoffe. Der Rote-Bete-Schokoladenkuchen und der Haselnuss-Süßkartoffel-Kuchen sind meine absoluten Lieblinge und unheimlich saftig. Bei den Obsttartes überzeugt die Kombination aus der süßsäuerlich-fruchtigen Füllung und dem mürben Tarteboden. Und die Biskuits mit pfeffrigen Erdbeeren sind übrigens ein tolles Mitbringsel für den Kaffeeklatsch mit deinen Lieben.

Apfelkuchen mit Vanille
UND DATTELKARAMELL

MANDEL | DINKEL | DATTEL | VANILLE

FÜR 1 KLEINEN KUCHEN

FÜR DEN TEIG

300 g Dinkelvollkornmehl
60 g gemahlene Mandeln
½ TL Salz
4 EL Kokosblütenzucker
2 TL gemahlener Ceylon-Zimt
80 g festes Kokosöl
ca. 9 EL Eiswasser

AUSSERDEM

Pie-Form (20 cm Ø)
flüssiges Kokosöl für die Form
Hülsenfrüchte zum Blindbacken

Für mich gehört Apfelkuchen zum Herbst wie raschelndes Laub – ohne ist diese Jahreszeit für mich gar nicht denkbar. An diesem mag ich besonders den Teig aus nussigem Dinkelvollkornmehl und den Hauch von Vanille. Aber das Allerbeste ist der Dattelkaramell …

ZUBEREITUNG

Den Ofen auf 180 °C (Ober-/Unterhitze) vorheizen. Die Pie-Form mit etwas flüssigem Kokosöl einfetten.

Für den Teig das Mehl in einer Schüssel mit Mandeln, Salz, Kokosblütenzucker und Zimt mischen. Das feste Kokosöl dazugeben und alles mit den Händen kneten, bis das Öl gut eingearbeitet ist. Der Teig ist leicht bröselig. Nun 5 EL Eiswasser hinzufügen und den Teig weiterkneten. Das restliche Eiswasser esslöffelweise hinzufügen, bis ein glatter Teig entstanden ist.

Den Teig halbieren und zu 2 Kugeln formen. Eine Kugel auf einer leicht bemehlten Fläche so groß ausrollen, dass sie Boden und Rand der Form bedeckt. Den Teig in die Form legen und den überhängenden Teig mit einem Messer abschneiden. Den Teig mit Backpapier belegen und Hülsenfrüchte daraufgeben, dann im vorgeheizten Ofen (Mitte) etwa 10 Minuten blind backen. Die zweite Teigkugel ebenfalls ausrollen und daraus 13 dünne Streifen und einige Blätter ausschneiden. Kurz beiseitelegen.

Weiter geht's auf der nächsten Seite.

FÜR DEN DATTELKARAMELL

150 g getrocknete entsteinte Medjool-Datteln

½ TL Meersalz

FÜR DIE FÜLLUNG

650 g rote säuerliche Äpfel

1 TL Kokosöl

Mark von 1 Vanilleschote

2 EL Mandeldrink (siehe S. 18)

vegan | laktosefrei

Für den Dattelkaramell die Datteln mit 100 ml Wasser und Meersalz in einen Mixer geben und zu einer glatten Creme verarbeiten.

Für die Füllung die Äpfel waschen, trocken tupfen, vierteln und entkernen. Die Viertel jeweils längs in 3 Spalten und dann quer in Würfel schneiden. Das Kokosöl in einer Pfanne erhitzen und die Apfelwürfel darin wenige Minuten unter Rühren sanft andünsten, bis etwas Flüssigkeit verdampft ist. Anschließend 3 EL Dattelkaramell und das Vanillemark unterrühren.

Den vorgebackenen Kuchenboden aus dem Ofen nehmen, Hülsenfrüchte und Backpapier entfernen. Die Äpfel auf dem Kuchenboden verteilen und den Kuchen mit den Teigstreifen und -blättern dekorieren. Den Teig mit etwas Mandeldrink bestreichen und den Kuchen im Ofen weitere 15 Minuten backen, bis er schön goldbraun ist. Herausnehmen und auskühlen lassen.

Den Kuchen mit dem restlichen Dattelkaramell servieren.

Rote-Bete-Schokoladenkuchen
MIT KAFFEE UND MANDELN

ROTE BETE | SCHOKOLADE | KAFFEE | MANDEL

FÜR 1 KLEINEN KUCHEN

FÜR DEN KUCHEN

140 g Dinkelvollkornmehl
160 g Kokosblütenzucker
40 g Backkakao, ½ TL Meersalz
2 TL fein gemahlenes Espressopulver
1 TL Backpulver
350 g gegarte Rote Bete (vakuumiert)
100 g Schokolade (100 % Kakao)
150 ml Sonnenblumenöl + Öl für die Form
50 g Mandeln, 3 Eier (Größe M)

ZUM GARNIEREN

40 g Mandeln
40 g Schokolade (100 % Kakao)
1 EL Rote-Bete-Pulver

FÜR DIE GANACHE

150 g Schokolade (100 % Kakao)
30 ml Mandeldrink, 1 EL Kokosöl
6 EL Ahornsirup, Salz
1 EL Rote-Bete-Saft

AUSSERDEM

Springform (20 cm Ø)

laktosefrei

Dieser Kuchen ist eine echte Schokobombe, ohne allzu süß zu sein. Ich mag ihn sehr, denn man kann von ihm mehr als ein Stück essen. Durch die Rote Bete und die Schokolade schmeckt er sehr aromatisch, ist supersaftig und die gehackten Mandeln geben ihm etwas Crunch.

ZUBEREITUNG

Den Ofen auf 180 °C (Ober-/Unterhitze) vorheizen. Die Springform mit ein wenig Sonnenblumenöl einfetten.

Für den Kuchen das Mehl mit Kokosblütenzucker, Kakaopulver und Meersalz mischen. Das Espressopulver mit dem Backpulver dazugeben und gut verrühren. Die Rote Bete fein in eine große Schüssel reiben (Handschuhe anziehen) und den Saft etwas ausdrücken. Es sollten etwa 300 g Raspel entstehen. Die Schokolade über einem Wasserbad schmelzen und zu den Rote-Bete-Raspeln geben. Das Sonnenblumenöl hinzufügen und alles verrühren. Die Mandeln hacken, in einer Pfanne ohne Fett anrösten und zur Roten Bete geben. Die Eier verquirlen und unter die Rote Bete rühren. Die Mehlmischung zur Rote-Bete-Mischung geben und sorgfältig unterheben. Den Teig in die vorbereitete Form geben und im Ofen (Mitte) etwa 40 Minuten backen. Den Kuchen herausnehmen und auskühlen lassen.

Währenddessen für die Garnitur die Mandeln grob hacken und in einer Pfanne ohne Fett rösten. Die Schokolade in feine Stückchen hobeln.

Für die Ganache die Schokolade mit dem Mandeldrink in einen Topf geben und unter Rühren schmelzen. Das Kokosöl sorgfältig unterrühren. Mit Ahornsirup, 1 Prise Salz und Rote-Bete-Saft abschmecken.

Den ausgekühlten Kuchen mit der warmen Ganache beträufeln und sofort mit Rote-Bete-Pulver, Schokoladenhobeln und Mandelstückchen garnieren.

TIPP | Richtige Süßschnäbel können die Menge Kokosblütenzucker im Teig auf 200 g erhöhen.

Möhrenkuchen MIT EARL-GREY-GLASUR

MÖHRE | INGWER | EARL GREY | GRAPEFRUIT

FÜR 1 KASTENKUCHEN

FÜR DEN KUCHEN

70 g Walnusskerne

1 EL Kokosblütenzucker

145 g Dinkelmehl (Type 630)

1 ½ TL Backpulver

¼ TL Salz

½ TL gemahlener Zimt

¼ TL frisch geriebene Muskatnuss

2 Eier (Größe M)

250 g Kokosblütenzucker

100 ml neutrales Pflanzenöl + Öl für die Form

220 g Möhren

1 daumengroßes Stück Ingwer

FÜR DAS TOPPING

1 Grapefruit

1 EL Earl-Grey-Tee

150 g Frischkäse

50 g kristalline Reissüße (alternativ gemahlener Kokosblütenzucker)

AUSSERDEM

rechteckige Silikon-Form (ca. 25 cm Länge)

Möhren sind einfach unschlagbar – sie machen jeden Kuchen saftig und geschmacklich rund! Hier sind karamellisierte Walnüsse und jede Menge Ingwer der Clou, die Frischkäseglasur wird mit Earl Grey verfeinert und obendrauf kommen noch gegrillte Grapefruitscheiben. Dieses Rezept durfte ich dir doch nicht vorenthalten, oder was meinst du?

ZUBEREITUNG

Den Ofen auf 190 °C (Ober-/Unterhitze) vorheizen. Die Walnüsse grob hacken und in einer Pfanne leicht anrösten. Den Kokosblütenzucker hinzugeben und die Nüsse leicht karamellisieren, dann aus der Pfanne nehmen.

Mehl, Backpulver, Salz, Zimt und Muskatnuss in einer Schüssel mischen. Die Eier mit dem Kokosblütenzucker in einer weiteren Schüssel schaumig schlagen und langsam unter Rühren das Öl dazugeben. Die Möhren und den Ingwer schälen, fein reiben und mit einem Löffel unterheben. Die Mehlmischung portionsweise mit einem Löffel unterziehen. Nur so lange rühren, bis sich alles gerade verbindet, dann die karamellisierten Nüsse unterheben. Die Silikon-Form gut einfetten oder eine Metallform mit Backpapier auslegen. Den Teig in die Form geben und im Ofen (Mitte) etwa 1 Stunde backen. Zwischendurch abdecken, falls der Kuchen zu dunkel wird.

Die Grapefruit in Scheiben schneiden und die Schale mit einem Messer entfernen. Die Scheiben auf ein mit Backpapier belegtes Blech legen und im Ofen über dem Kuchen kurz grillen. Beiseitestellen. Für die Earl-Grey-Glasur den Tee in ein Teesieb geben, mit 100 ml kochendem Wasser übergießen und ziehen lassen, bis er auf Zimmertemperatur abgekühlt ist. Den Frischkäse mit 6 TL Tee und der Reissüße glatt rühren.

Den vollständig ausgekühlten Kuchen aus der Form nehmen, mit der Earl-Grey-Glasur bestreichen und mit gegrillten Grapefruitscheiben belegen.

Schokoladen-Zucchini-Kuchen MIT AVOCADO-FROSTING

SCHOKOLADE | ESPRESSO | ZIMT | ZUCCHINI | AVOCADO | VANILLE

FÜR 1 KLEINEN KUCHEN

FÜR DEN KUCHEN

250 g Dinkelmehl (Type 630)

70 g Backkakao

220 g Kokosblütenzucker

2 TL Natron

3 TL fein gemahlenes Espressopulver

2 TL gemahlener Ceylon-Zimt

½ TL Meersalz

2 EL geschrotete Leinsamen

240 ml Kokosmilch (aus der Dose)

60 ml Sonnenblumenöl

60 ml Ahornsirup

240 g Zucchini

FÜR DAS FROSTING

2 Avocados

50 g Backkakao

90 ml Ahornsirup

Mark von ½ Vanilleschote

½ TL gemahlener Ceylon-Zimt

2 EL flüssiges Kokosöl

AUSSERDEM

2 Backformen (à 20 cm Ø)

vegan | laktosefrei

Wenn man diesen Schokoladenkuchen isst, dann ahnt man nicht, dass er seine Saftigkeit einem Gemüse zu verdanken hat. Die zweite Überraschung ist dann das Frosting: Es besteht hauptsächlich aus Avocados und ist in Konsistenz und Geschmack ein Knaller. Ich glaube, das mache ich jetzt zu jedem Kuchen. So muss Soulfood schmecken.

ZUBEREITUNG

Den Ofen auf 180 °C (Ober-/Unterhitze) vorheizen. Die Böden der Backformen mit Backpapier belegen, den Rand frei lassen.

Für den Kuchen das Mehl in einer großen Schüssel mit Kakaopulver, Kokosblütenzucker, Natron, Espressopulver, Zimt und Meersalz mischen. Die Leinsamen mit 5 EL Wasser in eine Tasse geben und 5 Minuten quellen lassen.

Die Kokosmilch mit Sonnenblumenöl und Ahornsirup verrühren und zu der Mehlmischung in die Schüssel geben. Die Leinsamen unterrühren. Die Zucchini waschen, trocken tupfen und fein raspeln. Den Saft etwas herausdrücken und die Zucchini anschließend unter den Teig heben.

Den Teig auf die beiden Backformen verteilen. Die Kuchen im vorgeheizten Ofen (Mitte) etwa 40 Minuten backen, nach 30 Minuten die Stäbchenprobe machen und prüfen, ob der Kuchen bereits gar ist.

In der Zwischenzeit das Frosting vorbereiten. Hierfür die Avocados halbieren, den Kern entfernen und das Fruchtfleisch aus der Schale löffeln. Mit Kakaopulver, Ahornsirup, Vanillemark, Zimt und flüssigem Kokosöl in einen Mixer geben. Alles zu einem glatten, glänzenden Frosting mixen.

Die Kuchenböden vollständig auskühlen lassen. Einen Kuchenboden auf eine Platte setzen und mit einem Viertel des Frostings bestreichen. Den zweiten Kuchenboden daraufsetzen und den Kuchen rundum mit dem restlichen Frosting bestreichen.

Den Kuchen am besten innerhalb von 2 Tagen verzehren.

Rhabarber- ERDBEER-PIE

RHABARBER | ERDBEERE | PFEFFER

FÜR 1 KLEINEN PIE

FÜR DEN TEIG

380 g Dinkelmehl (Type 630)

½ TL Salz

3 EL Kokosblütenzucker

150 g kalte Butter

90 ml Eiswasser

Butter für die Form

FÜR DIE FÜLLUNG

600 g Rhabarber

300 g Erdbeeren

4 EL Kokosblütenzucker

Salz

¼ TL frisch gemahlener schwarzer Pfeffer

1 Eigelb (Größe M)

AUSSERDEM

Pie-Form (ca. 20 cm Ø)

Fett für die Form

getrocknete Hülsenfrüchte zum Blindbacken

Rhabarber-Erdbeer-Eis (siehe S. 152; nach Belieben)

Dieser Kuchen ist ein wahres Fest für Rhabarber-Liebhaber. Zusammen mit meinem Rhabarber-Erdbeer-Eis schmeckt der Pie einfach unwiderstehlich. Ich freue mich jedes Jahr auf die Rhabarber-Zeit: Die ganze Küche duftet dann schon beim Schälen intensiv nach Frühling, und das macht mir sofort gute Laune. Wenn dann der Pie vor mir steht, wird sie gleich noch besser!

ZUBEREITUNG

Für den Teig Mehl, Salz und Zucker in einer großen Schüssel mischen. Die kalte Butter in kleinen Stückchen hinzugeben und mit den Händen unterkneten, bis eine bröselige Masse entstanden und die Butter gut eingearbeitet ist. Das Eiswasser zugeben und alles zügig mit den Händen zu einem glatten Teig verarbeiten. Den Teig halbieren, die Hälften zu Ziegeln formen und in Frischhaltefolie gewickelt im Kühlschrank 30 Minuten ruhen lassen.

Für die Füllung Rhabarber und Erdbeeren waschen. Den Rhabarber schälen und in kleine Stücke schneiden. Die Erdbeeren putzen und ebenfalls in kleine Stücke schneiden. Rhabarber und Erdbeeren mit Zucker und 1 Prise Salz in einen Topf geben und etwa 10 Minuten bei mittlerer Hitze köcheln lassen. Die Rhabarber-Erdbeer-Mischung mit Pfeffer würzen.

Den Ofen auf 180 °C (Ober-/Unterhitze) vorheizen. Eine Teighälfte auf einer bemehlten Fläche dünn zu einem Kreis ausrollen. Den Teigkreis in die ausgefettete Pie-Form legen und andrücken. Überstehenden Teig mit einem Messer abschneiden und die Form mit dem Teig etwa 30 Minuten in den Gefrierschrank geben. Anschließend den Teigboden mit Backpapier und getrockneten Hülsenfrüchte belegen und im heißen Ofen (Mitte) 10–15 Minuten blindbacken. Währenddessen die zweite Teighälfte auf einer bemehlten Arbeitsplatte dünn ausrollen und den Teig in lange, etwa 1 cm schmale Streifen schneiden. Aus den Teigresten Blätter ausschneiden.

Hülsenfrüchte und Backpapier entfernen und die Füllung auf den Teigboden geben, dabei darauf achten, dass nicht zu viel Flüssigkeit dabei ist. Den Kuchen mit Teigstreifen und -blättern dekorieren. Das Eigelb mit 1 EL Wasser verquirlen, die Teigdeko und den Kuchenrand damit bepinseln. Den Pie im Ofen (Mitte) etwa 30 Minuten backen. Lauwarm mit Eis servieren.

Odermennig—Pappel
2.Löffelkraut S. 66
3.Lungenkraut S. 67
4.Minze S. 69
5.Melisse S. 69
6.Malve S. 68
7.Mistel S. 70
8.Nelkenwurz S. 71

Haselnuss-
SÜSSKARTOFFEL-KUCHEN

HASELNUSS | SÜSSKARTOFFEL | GRANATAPFEL | RAW CHOCOLATE

FÜR 1 KLEINEN KUCHEN

FÜR DEN KUCHEN

120 g weiche Butter
100 g Kokosblütenzucker
Mark von 1 Vanilleschote
2 Eier (Größe M)
100 g gemahlene Haselnusskerne
70 g Dinkelmehl (Type 630), ½ TL Salz
1 TL Backpulver
20 ml Buttermilch
2 EL Ahornsirup
100 g Süßkartoffel

FÜR DEN GRANATAPFELSIRUP

½ Zitrone
200 ml Granatapfelsaft
200 g Kokosblütenzucker

FÜR DAS TOPPING

40 g Haselnusskerne
100 g Mascarpone + etwas Milch
50 g Raw Chocolate (100 % Kakao)
1 Handvoll Granatapfelkerne

AUSSERDEM

Springform (20 cm Ø)
Butter für die Form

Ein traumhaft buttrig-saftiger Kuchen mit viel Haselnuss, Süßkartoffel, Raw Chocolate, Granatapfel und Mascarpone. Ein Stück und ich bin im siebten Kuchenhimmel. Mir schmeckt der Haselnuss-Süßkartoffel-Kuchen am besten zu einer großen Tasse heißem Assam-Tee … und bei einem guten Buch.

ZUBEREITUNG

Für den Kuchen den Ofen auf 180 °C (Ober-/Unterhitze) vorheizen. Die Butter mit dem Zucker und dem Vanillemark schaumig aufschlagen. Das dauert ungefähr 8 Minuten. Dann die Eier einzeln dazugeben und kurz unterrühren. Die Haselnüsse mit Mehl, Salz und Backpulver mischen und zur Zucker-Ei-Mischung geben. Kurz vermengen, dann Buttermilch und Ahornsirup hinzufügen und nur noch ganz kurz unterrühren. Die Süßkartoffel schälen, fein reiben und unterheben.

Eine Springform ausfetten. Den Teig hineingeben und den Kuchen im heißen Ofen (Mitte) etwa 35 Minuten backen. Eventuell gegen Ende der Backzeit mit Alufolie abdecken, damit er nicht zu dunkel wird.

In der Zwischenzeit für den Sirup die Zitrone auspressen. Den Granatapfelsaft mit Zucker und Zitronensaft in einem Topf aufkochen und etwa 20 Minuten sanft köcheln lassen, bis ein dickflüssiger Sirup entstanden ist.

Für das Topping die Haselnüsse grob hacken und in einer Pfanne ohne Fett anrösten. Den Mascarpone mit ein wenig Milch glatt rühren. Die Raw Chocolate fein hacken oder hobeln.

Den fertigen Kuchen auf einem Gitter ein wenig abkühlen lassen, dann mit Mascarpone, Haselnüssen, Raw Chocolate und Granatapfelkernen garnieren und den Granatapfelsirup darüberträufeln.

MILK
PIMENT GANZ

Dinkel- BISKUITS

DINKEL | PFEFFER | BUTTERMILCH

FÜR CA. 8 STÜCK

250 g Dinkelmehl (Type 630)

1 ¼ EL Backpulver

2 TL Salz

60 g kalte Butter

230 ml Buttermilch

½ TL frisch gemahlener schwarzer Pfeffer

AUSSERDEM

Mehl zum Arbeiten

runder Ausstecher

Biskuits habe ich vor vielen Jahren in den USA kennengelernt. Sie sind eine Art Brötchen und es gibt sie dort süß oder salzig: mal mit Marmelade gefüllt zum Frühstück, mal herzhaft als Burger und auch mit Butter als Beilage zu Salat. Die Biskuits mit Dinkelmehl und Salz haben eine leicht herzhafte Note und sind unschlagbar zur Pfirsich-Rosen-Butter (siehe S. 42), Gebrannte-Mandel-Butter (siehe S. 48) oder Hibiskusbutter (siehe S. 52).

ZUBEREITUNG

Den Backofen auf 220 °C (Ober-/Unterhitze) vorheizen. Mehl, Backpulver und Salz mischen. Die kalte Butter in kleinen Stückchen dazugeben. Den Teig zwischen den Händen reiben und kneten, bis die Butter gut eingearbeitet ist und eine bröselige Masse entsteht. Nun die Buttermilch dazugeben und nur so lange mit den Händen kneten, bis sich alles miteinander verbunden hat. Der Teig muss wirklich klebrig sein, also nicht noch mehr Mehl dazugeben. Den Teig nun auf einer bemehlten Fläche ein wenig flach drücken, dann einmal falten und wieder mit den Händen flach drücken. Den Vorgang noch einmal wiederholen, dann den Teig zu einem 2–3 cm flachen Ziegel formen. Mit einem runden Ausstecher Biskuits ausstechen, ohne den Teigziegel dabei zu drehen. Dann die Biskuits nah aneinander auf ein mit Backpapier belegtes Blech setzen und im heißen Ofen (unten) 10–15 Minuten goldgelb backen.

Die Biskuits aufschneiden und mit einer Butter nach Wahl servieren. Noch warm bestreichen, so schmecken sie am besten.

Hand-Pies mit Bergpfirsich
UND ZITRONENTHYMIAN

BERGPFIRSICH | ZITRONENTHYMIAN

FÜR CA. 16 STÜCK

FÜR DEN TEIG

230 g Dinkelmehl (Type 630)

1 ½ EL Kokosblütenzucker

1 TL Salz

175 g eiskalte Butter

1 ½ EL Eiswasser

1 Eigelb (Größe M)

FÜR DIE FÜLLUNG

300 g Bergpfirsiche

20 g Kokosblütenzucker

½ TL Salz

4 große Zweige Zitronenthymian

½ Bio-Zitrone

AUSSERDEM

Mehl zum Arbeiten

runder Ausstecher (8 cm Ø)

Hand-Pies sind super vorzubereiten und eignen sich ganz besonders für den süßen Abschluss eines tollen Picknicks, da man sie ganz einfach und bequem aus der Hand essen kann und noch nicht mal eine Gabel mitnehmen muss. Diese Füllung aus fruchtigem Bergpfirsich und zitronigem Thymian duftet und schmeckt herrlich nach Spätsommer.

ZUBEREITUNG

In einer großen Schüssel Mehl, Zucker und Salz mischen. Die kalte Butter in kleinen Stückchen zum Teig geben. Den Teig zwischen den Händen reiben und kneten, bis die Butter gut eingearbeitet ist und eine bröselige Masse entsteht. Nun das Eiswasser dazugeben und alles zügig mit den Händen zu einem glatten Teig formen. Die Teigkugel in Frischhaltefolie wickeln und im Kühlschrank 15 Minuten ruhen lassen. Danach den Teig auf einer bemehlten Fläche dünn ausrollen und 32 Kreise ausstechen. Die Teigkreise erneut im Kühlschrank ruhen lassen, während man die Füllung herstellt.

Für die Füllung die Pfirsiche waschen, halbieren und die Steine entfernen. Die Hälften jeweils in 4 Stücke teilen. Die Pfirsichstücke mit Kokosblütenzucker und Salz in einen kleinen Topf geben und so lange bei mittlerer Hitze köcheln lassen, bis ein wenig Flüssigkeit verdampft und der Kokosblütenzucker geschmolzen ist. Den Zitronenthymian waschen, trocken schütteln und die Blättchen abzupfen. Die Zitrone waschen, trocken tupfen und die Schale abreiben. Thymianblättchen und Zitronenabrieb zu den Pfirsichen geben. Den Topf vom Herd nehmen und die Füllung ein wenig abkühlen lassen. Den Backofen auf 180 °C (Ober-/Unterhitze) vorheizen.

Die Teigkreise aus dem Kühlschrank nehmen, auf die Hälfte davon jeweils 1 EL der Pfirsich-Thymian-Füllung geben und die Ränder mit ein wenig Wasser betupfen. Die andere Hälfte der Teigkreise, die als Deckel dienen, mit einem kleinen Messer dreimal sternförmig einritzen. Die Deckel vorsichtig auf die Kreise mit der Füllung legen. Die Ränder zuerst sanft zusammendrücken, dann mit den Zinken einer Kuchengabel eindrücken und so verschließen. Das Eigelb mit 1 EL Wasser verquirlen, die Pies damit bestreichen und im heißen Ofen (Mitte) etwa 15 Minuten goldgelb backen. Herausnehmen und auf einem Gitter auskühlen lassen.

Biskuits MIT PFEFFRIGEN ERDBEEREN

BUTTERMILCH | ERDBEERE | PFEFFER | PFIRSICH | ROSENBLÜTE

FÜR CA. 8 STÜCK

FÜR DIE BISKUITS

250 g Dinkelmehl (Type 630)
1 EL Backpulver
2 TL Salz
55 g eiskalte Butter
130 g Buttermilch

FÜR DIE PFEFFRIGEN ERDBEEREN

250 g Erdbeeren
2 EL Kokosblütenzucker
frisch gemahlener schwarzer Pfeffer

AUSSERDEM

Mehl zum Arbeiten
runder Ausstecher
Pfirsich-Rosen-Butter (siehe S. 42)

Mit Pfirsich, Rosen und Erdbeeren vereint zwischen zwei buttrigen Biskuitscheiben – der Soulfood-Himmel auf Erden. Die Biskuits, amerikanische Mini-Brötchen, schmecken übrigens auch in anderer Kombination wie der gebrannten Mandelbutter (siehe S. 48) oder der Hibiskusbutter (siehe S. 52). Und die pfeffrigen Erdbeeren esse ich genauso gern zum Frühstück mit Joghurt und knusprigem Granola. Oder zu einer Kugel Eis. Einfach himmlisch!

ZUBEREITUNG

Den Backofen auf 220 °C (Ober-/Unterhitze) vorheizen. Mehl, Backpulver und Salz mischen. Die kalte Butter in kleinen Stückchen zum Teig geben. Den Teig zwischen den Händen reiben und kneten, bis die Butter gut eingearbeitet ist und eine bröselige Masse entsteht. Nun die Buttermilch dazugeben und nur so lange mit den Händen kneten, bis sich alles miteinander verbunden hat. Der Teig muss wirklich klebrig sein, also nicht noch mehr Mehl dazugeben. Den Teig nun auf einer bemehlten Fläche ein wenig flach drücken, dann einmal falten und wieder mit den Händen flach drücken. Den Vorgang noch einmal wiederholen, dann den Teig zu einem 2–3 cm flachen Ziegel formen. Mit einem runden Ausstecher Biskuits ausstechen, ohne den Teigziegel dabei zu drehen. Dann die Biskuits nah aneinander auf ein mit Backpapier belegtes Blech setzen und im heißen Ofen (unten) 10–15 Minuten goldgelb backen.

Währenddessen die Erdbeeren waschen, putzen und in kleine Würfel schneiden. Die Erdbeerwürfel in einer heißen Pfanne ohne Fett 20 Sekunden rösten, den Kokosblütenzucker dazugeben und kurz durchschwenken. 5–6 Umdrehungen Pfeffer aus der Mühle dazugeben und die pfeffrigen Erdbeeren abkühlen lassen.

Die warmen Biskuits aufschneiden, großzügig mit der Pfirsich-Rosen-Butter bestreichen und die pfeffrigen Erdbeeren darauf verteilen.

Cookies mit INGWER-WEINTRAUBEN-GRÖSTL

NUSS | QUINOA | KANIWA | KOKOS | WEINTRAUBE | INGWER

FÜR CA. 25 COOKIES

FÜR DIE COOKIES

70 g Mandeln
30 g Walnusskerne
50 g Quinoa
40 g Kaniwa (siehe S. 13)
70 g Kokosraspel
1 TL gemahlener Ingwer
50 g Chia-Samen
60 g Rosinen
80 g reife Banane
4 EL Kokosblütensirup

FÜR DAS INGWER-WEINTRAUBEN-GRÖSTL

250 g helle kernlose Weintrauben
30 g frischer Ingwer
1 TL Butter
3 TL Kokosblütenzucker
Salz

glutenfrei

Diese Cookies wären nicht ohne meine Freundin Milena entstanden. Sie begleitet mich seit meinen ersten Versuchen, aus meiner Leidenschaft einen Beruf zu machen. Wir standen schon zusammen in einer italienischen Restaurantküche, haben erfolgreich einen Supperclub ins Leben gerufen und sind auch sonst ein verrückt-geniales Team. Toll ist, dass die Weltenbummlerin Milena mir aus fernen Ländern die spannendsten Zutaten mitbringt. Das glutenfreie Kaniwa aus Peru für diese Cookies zum Beispiel.

ZUBEREITUNG

Den Backofen auf 170 °C (Ober-/Unterhitze) vorheizen. Für die Cookies die Mandeln und die Walnüsse grob hacken. Alle Zutaten bis auf die Banane und den Kokosblütensirup in eine große Schüssel geben und gut vermischen. Die Banane mit dem Kokosblütensirup zu einem klebrigen Brei vermengen, unter die trockenen Zutaten rühren und alles gut miteinander vermischen. Mit den Händen flache runde Cookies formen und auf ein mit Backpapier belegtes Backblech setzen. Die Cookies im vorgeheizten Ofen (Mitte) etwa 20 Minuten backen.

Für das Gröstl die Weintrauben waschen und halbieren. Den Ingwer schälen und fein hacken. Die Butter in einer Pfanne zerlassen und Weintrauben und Ingwer dazugeben. Kurz durchschwenken, den Kokosblütenzucker dazugeben und leicht karamellisieren. Das Gröstl mit 1 Prise Salz verfeinern und am besten lauwarm zu den Cookies reichen.

Desserts

Was wäre ein Leben ohne Milchreis, Bratapfel, Schokopudding und Tiramisu? Mich machen diese Soulfood-Desserts schon glücklich, wenn allein ihr Duft durchs Haus weht, während ich sie in der Küche noch zubereite. Diese wohltuenden Seelenschmeichler dürfen in diesem Buch natürlich nicht fehlen. Ich habe dir hier eine bunte Mischung an gesunden Dessertkreationen zusammengestellt, bei der für jede Naschkatze und für jeden Anlass etwas dabei ist. Meine sommerlichen Pfirsiche aus dem Ofen mit Ricotta sind so einfach und so unheimlich lecker, dass du sie am liebsten jeden Tag essen magst. Versprochen!

Gefüllte Datteln mit ERDNUSS UND SCHOKOLADE

DATTEL | ERDNUSS | SCHOKOLADE

FÜR 4 PERSONEN

200 g getrocknete entsteinte Datteln (z. B. Medjool, Deglet Nour)

6 EL Erdnuss-Dattel-Creme (siehe S. 24; alternativ Erdnussmus)

1 EL geröstete, gesalzene Erdnusskerne

25 g Schokolade (100 % Kakao)

grobes Meersalz (nach Belieben)

AUSSERDEM

Spritzbeutel

vegan | glutenfrei | laktosefrei

Diese gefüllten Datteln sind ein Traum und das perfekte Naschwerk, wenn man sich nach etwas richtig Süßem sehnt. Die Datteln selbst bringen schon so viel Süße mit, dass die herbe Schokolade wunderbar damit harmoniert. Auch wenn es nicht so scheint: Gefüllte Datteln sind alles andere als ungesund. Datteln, Erdnüsse und Schokolade mit 100 % Kakao sind allesamt gesunde Zutaten und liefern jede Menge Energie. Da darf es auch mal eine gefüllte Dattel mehr sein.

ZUBEREITUNG

Die Datteln längs aufschlitzen, entkernen und etwas auseinanderklappen. Die Erdnuss-Dattel-Creme in einen Spritzbeutel geben und jeweils eine kleine Menge davon in die Datteln hineinspritzen. Jeweils 1–2 Erdnüsse in die Creme drücken und die Datteln leicht zusammendrücken.

Die Datteln auf Backpapier legen. Die Schokolade über einem Wasserbad schmelzen und mithilfe eines Löffels kleine Schokoladenfäden über die Datteln träufeln. Nach Belieben noch mit etwas grobem Salz bestreuen.

Sobald die Schokolade fest ist, kannst du die Datteln zu einem Tee genießen.

TIPP | Wer mag, kann die Datteln auch ganz mit Schokolade umhüllen und mit ein wenig Meersalz bestreuen, bevor die Schokolade fest wird. Das schmeckt besonders fein.

Im Ofen geröstete SÜSSKARTOFFELSCHEIBEN

SÜSSKARTOFFEL | CEYLON-ZIMT | PEKANNUSS | TONKABOHNE

FÜR 4 PERSONEN

400 g Süßkartoffeln

2 TL Kokosöl

80 g Pekannusskerne

6 EL Kokosblütenzucker

1 TL gemahlener Ceylon-Zimt

frisch geriebene Tonkabohne

vegan | glutenfrei | laktosefrei

Kartoffeln zum Dessert? Aber klar! Der Kokosblütenzucker unterstreicht die eigene Süße der Süßkartoffeln und mit Pekannüssen, Zimt und Tonkabohne werden sie eine herbstliche Leckerei. Probier es mal aus.

ZUBEREITUNG

Den Ofen auf 180 °C (Ober-/Unterhitze) vorheizen. Ein Backblech mit Backpapier belegen.

Die Süßkartoffeln schälen, in 3 mm dünne Scheiben schneiden und die Scheiben auf dem Backblech verteilen. Das Kokosöl in einem kleinen Topf zerlassen und die Süßkartoffelscheiben damit bepinseln. Im heißen Ofen (Mitte) etwa 10 Minuten rösten.

In der Zwischenzeit die Pekannüsse grob hacken. Die Süßkartoffelscheiben mit den gehackten Pekannüssen und 2 EL Kokosblütenzucker bestreuen und weitere 5 Minuten im Ofen karamellisieren.

Anschließend aus dem Ofen nehmen und mit Zimt und 1 Prise Tonkabohne würzen. Den restlichen Kokosblütenzucker in einem kleinen Topf schmelzen und über die Süßkartoffelscheiben träufeln.

Warme Beeren MIT GRANOLA

BEERE | GRANOLA | KOKOS | PFEFFER

FÜR 4 PERSONEN

400 ml gekühlte Kokosmilch (aus der Dose)

3 EL Kokosblütenzucker

½ TL Kokosöl

300 g gemischte frische Beeren (z. B. Brombeeren, Heidelbeeren, Johannisbeeren, Himbeeren)

¼ TL frisch gemahlener schwarzer Pfeffer

400 g Granola (z. B. Buchweizen-Früchte-Granola, siehe S. 18, oder Schoko-Granola, siehe S. 20)

vegan | glutenfrei | laktosefrei

Ein superschnelles Dessert, das ebenso ein Frühstück sein könnte. Süße, sanft gedünstete Beeren, die für den besonderen Kick mit Pfeffer gewürzt werden, treffen auf köstliche Kokoscreme und knusprigstes Granola. Hier bleiben keine Wünsche offen.

ZUBEREITUNG

Die gut gekühlte Kokosmilch aus dem Kühlschrank nehmen. Durch das Kühlen hat sich oben feste Kokoscreme abgesetzt. 160 g von der Kokoscreme in eine Schüssel geben, den Kokosblütenzucker hinzufügen und 1 Minute mit einem Handrührgerät glatt rühren.

Das Kokosöl in einer Pfanne bei schwacher Hitze zerlassen und die Beeren leicht andünsten, dann mit dem Pfeffer würzen. Die Beeren mit der Kokoscreme und dem Granola in Schalen anrichten und genießen.

TIPP

Man kann natürlich auch alle anderen Früchte nehmen. Pflaumen, Erdbeeren oder auch Pfirsiche schmecken ebenso toll. Wichtig ist, dass man sie ganz sanft andünstet und mit etwas Pfeffer würzt.

CARTE POSTALE

Pfirsiche aus dem Ofen
MIT THYMIAN UND HONIG

PFIRSICH | THYMIAN | HONIG | SCHWARZER PFEFFER | RICOTTA

FÜR 4 PERSONEN

1 Bund Thymian

8 Pfirsiche

6 EL Waldhonig

250 g Ricotta

½ TL frisch gemahlener schwarzer Pfeffer

glutenfrei

Ich liebe Pfirsiche. Am besten schmecken sie mir gegrillt oder im Ofen geröstet. Durch das Erhitzen werden sie erst so richtig süß und der Geschmack wird noch runder. Mein liebstes Pfirsichdessert für den Sommer? Dieses hier, mit Thymian, Honig, schwarzem Pfeffer und Ricotta. Schnell, einfach, aber unglaublich lecker.

ZUBEREITUNG

Den Ofen auf 180 °C (Ober-/Unterhitze) vorheizen. Ein Backblech mit Backpapier belegen. Den Thymian waschen und trocken schütteln. Die Pfirsiche waschen, halbieren, entsteinen und mit den Schnittflächen nach oben auf das Backblech legen. 3 EL Honig über die Pfirsiche träufeln und die Hälfte der Thymianzweige darübergeben. Im heißen Ofen (Mitte) 10–15 Minuten rösten, bis zuckrig-süßer Saft austritt und die Pfirsiche weich sind.

In der Zwischenzeit die Blättchen von den restlichen Thymianzweigen abzupfen und den Ricotta mit 2 EL Waldhonig glatt rühren. Die gebackenen Pfirsiche mit dem schwarzen Pfeffer und den Thymianblättchen bestreuen. Den restlichen Honig über die Pfirsiche träufeln, den Ricotta dazu servieren und alles genießen – ein traumhaft leckeres Sommerdessert.

Mandel- MILCHREIS

MANDELDRINK | TONKABOHNE | ZIMT | BIRNE | INGWER

FÜR 4 PERSONEN

FÜR DEN MILCHREIS

250 g Rundkornreis
1 l Mandeldrink
½ TL Salz
Mark von 1 Vanilleschote
6 TL Kokosblütenzucker
2 TL gemahlener Zimt
frisch geriebene Tonkabohne

FÜR DIE KARAMELLISIERTE BIRNE

1 Birne
1 EL Ahornsirup

FÜR DAS BIRNEN-INGWER-GELEE

650 g Birnen (oder 400 ml Birnensaft)
300 g Kokosblütenzucker
1 ½ EL frisch geriebener Ingwer

FÜR DAS TOPPING

40 g Haselnusskerne
1 EL Buchweizen
1 TL Ahornsirup

vegan | glutenfrei | laktosefrei

Gegen einen köstlichen warmen Milchreis an einem dunklen Herbstmorgen habe ich nichts einzuwenden. Und wenn er dann auch noch mit Zimt, Tonkabohne, karamellisierten Birnen und einem Birnen-Ingwer-Gelee daherkommt, dann starte ich mehr als glücklich in den Tag.

ZUBEREITUNG

Den Ofen auf 180 °C (Ober-/Unterhitze) vorheizen. Ein Backblech mit Backpapier belegen.

Für den Milchreis den Reis mit Mandeldrink, Salz und Vanillemark in einen Topf geben. Aufkochen lassen, dann die Hitze reduzieren und den Reis sanft köchelnd unter gelegentlichem Rühren 25 Minuten garen. Danach Zucker, Zimt und 1 Prise Tonkabohne dazugeben.

In der Zwischenzeit die Birne waschen und in feine Scheiben schneiden. Auf das Backblech legen, mit Ahornsirup bestreichen und im heißen Ofen (Mitte) 15 Minuten karamellisieren.

Für das Gelee die Birnen waschen, in grobe Stücke zerteilen und mit einem Entsafter entsaften. Man benötigt 400 ml Saft. Den Saft mit dem Zucker und dem Ingwer aufkochen und 30 Minuten einkochen lassen.

Die Haselnüsse grob hacken und zusammen mit dem Buchweizen in einer Pfanne ohne Fett rösten. Dann den Ahornsirup unterrühren.

Den Milchreis mit den karamellisierten Birnenscheiben, dem Birnengelee und dem Haselnuss-Buchweizen-Topping servieren.

Breitkopf & Härtels Musikbücher Nr. 79
Textbibliothek
Auber
Fra Diavolo

Bratapfel-Tiramisu
MIT MASCARPONE

APFEL | ZIMT | ROSINE | MANDEL | MASCARPONE

FÜR 4 PERSONEN

200 g Apfel (z. B. Braeburn)

40 g Mandeln

2 TL Butter

4 EL Kokosblütenzucker

½ TL gemahlener Zimt

40 g Rosinen

1 TL geriebener frischer Ingwer

550 g Mascarpone

160 g kristalline Reissüße (alternativ gemahlener Kokosblütenzucker)

etwas Backkakao (nach Belieben)

glutenfrei

Als wahrer Tiramisu-Fan möchte ich euch diese wunderbar-winterliche Kreation nicht vorenthalten: gebratener Apfel mit Zimt und Zucker, Mandeln und Rosinen trifft auf cremig-süßen Mascarpone. Wenn das kein krönender Abschluss eines edlen Weihnachtsmenüs ist.

ZUBEREITUNG

Den Apfel waschen und in etwa 2 cm große Würfel schneiden. Die Mandeln hacken. Die Butter in einer Pfanne zerlassen und die Apfelwürfel darin anbraten. Dann Kokosblütenzucker, Zimt, gehackte Mandeln, Rosinen, Ingwer und 4 EL Wasser hinzufügen und alles in der Pfanne andünsten.

Den Mascarpone mit der Reissüße glatt rühren. In 4 kleine Gläschen abwechselnd Mascarponecreme und Bratapfelwürfel schichten. Nach Belieben mit Kakaopulver bestäuben.

Weihnachtlicher Bratapfel
MIT MARZIPAN

APFEL | MARZIPAN | WALNUSS | ROSINE | LEBKUCHENGEWÜRZ

FÜR 4 PERSONEN

FÜR DAS MARZIPAN (200 G)

120 g gemahlene geschälte Mandeln

50 g Kokosblütensirup
(für helleres Marzipan Reissirup
oder Honig verwenden)

Rosenwasser

Bittermandelöl

FÜR DIE BRATÄPFEL

80 g Walnusskerne

40 g Mandeln

200 g Marzipan (siehe oben)

80 g Rosinen

1 TL Lebkuchengewürz

4 mittelgroße rote Äpfel
(z. B. Braeburn)

3 EL Ahornsirup

AUSSERDEM

Apfelausstecher

Auflaufform (ca. 25 x 20 cm)

vegan | glutenfrei | laktosefrei

Was wäre Weihnachten nur ohne süße Bratäpfel? Für mich gehören diese himmlisch duftenden Leckereien einfach zum Winter dazu. Und mit dem selbst gemachten Marzipan schmecken sie gleich doppelt so gut. Wenn ich nur daran denke, strömt mir schon der Duft in die Nase und ich bekomme gleich Lust, welche in den Ofen zu schieben ...

ZUBEREITUNG

Den Ofen auf 180 °C (Ober-/Unterhitze) vorheizen.

Für das Marzipan die gemahlenen Mandeln mit dem Sirup vermengen. Ein wenig Rosenwasser und wenige Tropfen Bittermandelöl hinzufügen und so lange kneten, bis die Masse schön geschmeidig ist. Je nach Geschmack noch etwas Rosenwasser und Bittermandelöl unterkneten.

Für die Bratäpfel Walnüsse und Mandeln grob hacken und zusammen in einer Pfanne ohne Fett kurz rösten. Das Marzipan grob würfeln und mit Nüssen, Mandeln, Rosinen und Lebkuchengewürz verkneten.

Die Äpfel waschen und das obere Drittel mit einem Messer abschneiden, sodass eine Art Deckel entsteht. Den unteren Teil des Apfels mit einem Apfelausstecher oder Teelöffel aushöhlen, dabei das Kerngehäuse entfernen. Rand und Boden des Apfels sollten eine Dicke von 1,5–2 cm haben.

Die Äpfel mit der Marzipanmasse füllen und mit 2 EL Ahornsirup beträufeln. Dann in eine Auflaufform etwa 2 cm hoch Wasser geben und die Äpfel hineinsetzen. Im heißen Ofen (Mitte) etwa 30 Minuten backen. Nach 20 Minuten die Deckel aufsetzen und mit dem restlichen Ahornsirup beträufeln. Die Äpfel warm servieren.

Schokopudding MIT LEBKUCHEN-GRANOLA

LEBKUCHEN | SCHOKOLADE

FÜR 4 PERSONEN

FÜR DEN PUDDING

3 EL Maisstärke
600 g Sahne
100 g Schokolade (100 % Kakao)
100 g Kokosblütenzucker
1 EL Backkakao
1 TL Lebkuchengewürz
Salz

FÜR DIE BRÖSEL

40 g Lebkuchen-Granola (siehe S. 28)

glutenfrei

Festlich kommt er daher und bringt weihnachtliche Vorfreude. Doch er schmeckt natürlich auch zu jeder anderen Jahreszeit: Statt mit Lebkuchengewürz kannst du ihn mit einer Prise Tonkabohne verfeinern und mit Schoko-Granola (siehe S. 20) und warmen Beeren (siehe S. 136) toppen.

ZUBEREITUNG

Für den Schokoladenpudding die Stärke mit 100 g Sahne verrühren. Die Schokolade grob hacken. Die restliche Sahne, Kokosblütenzucker, Kakaopulver, gehackte Schokolade, Lebkuchengewürz und 1 Prise Salz in einem Topf erhitzen und unter Rühren vorsichtig aufkochen lassen.

Die angerührte Stärke in den Topf geben, dabei ständig weiterrühren. Etwa 2 Minuten köcheln lassen, dann vom Herd nehmen. Den Pudding in 4 kleine Gläser gießen und im Kühlschrank mindestens 2 Stunden auskühlen lassen.

Den Schokopudding mit Lebkuchen-Granola bestreut servieren.

Eis

Selbst gemachtes Eis im Gefrierschrank zu haben, ist für mich immer eine besondere Freude, vor allem im Sommer. Man weiß ganz genau, was drin ist und kann sich bei den Aromen und Zutaten nach Lust und Laune austoben. Ich süße mein Eis gern mit Datteln und frischem Obst. Es lässt sich aber nicht nur der Geschmack variieren, sondern auch die Form: bunte Popsicles zum Lutschen, cremige Nicecream zum Löffeln oder ein beeindruckendes Parfait als krönender Abschluss eines Menüs – alles ist möglich. Viel Spaß beim Ausprobieren!

Layered NICECREAM

VANILLE | DATTEL | SCHOKOLADE | CHAI | MANDEL | BEEREN

FÜR 4 PERSONEN

FÜR DIE NICECREAM

850 g Banane (geschält 700 g)
4 TL Chai-Mandelcreme (siehe unten)
8 getrocknete entkernte Datteln
20 g Backkakao
200 ml Mandeldrink (siehe S. 18)
Mark von 1 Vanilleschote

FÜR DIE CHAI-MANDELCREME

200 g Mandeln
1 Kardamomkapsel
1 Sternanis
2 kleine Gewürznelken
½ TL gemahlener Ceylon-Zimt
½ TL Kubebenpfeffer
10 g frischer Ingwer
4 TL Kokosöl

FÜR DIE KONFITÜRE

500 g gemischte TK-Beeren
3 EL Kokosblütenzucker
1 TL Johannisbrotkernmehl

vegan | glutenfrei | laktosefrei

Ich liebe Nicecream, die nette Schwester der Icecream. Meiner Schwäche für diese kalte Köstlichkeit gebe ich gern nach, denn Nicecream kommt ganz ohne Zucker aus! Ich habe immer gefrorene Bananenscheiben auf Vorrat, so kann ich mir schnell eine Portion zaubern, wenn der Süßhunger mich plötzlich überfällt.

ZUBEREITUNG

Für die Nicecream die Bananen schälen, in Scheiben schneiden und einige Stunden, am besten über Nacht, in einer Box einfrieren.

Für die Chai-Mandelcreme die Mandeln in einer Pfanne ohne Fett rösten. Die Samen aus der Kardamomkapsel lösen. Sternanis, Nelken und Kardamomsamen fein mörsern, mit Zimt und Kubebenpfeffer zu den Mandeln geben und bei schwacher Hitze mitrösten, bis die Gewürze zu duften beginnen. Den Ingwer schälen und fein hacken. Die Mandeln mit den Gewürzen, Ingwer und Kokosöl in einem Hochleistungsmixer pürieren. In einem geschlossenen Schraubglas aufbewahren.

Für die Beerenmarmelade die Früchte mit dem Zucker einige Minuten sanft köcheln lassen. Anschließend das Johannisbrotkernmehl unterrühren.

Für die Schoko-Nicecream die Hälfte der gefrorenen Bananen mit der Chai-Mandelcreme, 4 Datteln, Kakaopulver und 100 ml Mandeldrink cremig pürieren. Für die Vanille-Nicecream die restlichen gefrorenen Bananen mit den übrigen Datteln, Mandeldrink und Vanillemark cremig pürieren.

Beide Nicecream-Sorten mit der Chai-Mandelcreme und der Beerenkonfitüre in Gläser schichten. Nach Belieben toppen (siehe Tipp).

TIPP | Nicht unbedingt nötig, aber einfach schön: ich garniere meine Nicecream gern mit Blütenpollen, Kakao-Nibs, Popcorn oder auch Heidelbeeren. Lass deiner Fantasie freien Lauf.

Rhabarber-
ERDBEER-EIS

RHABARBER | ERDBEERE | SAHNE | HONIG | FRISCHKÄSE

FÜR 4 PERSONEN

170 g Rhabarber

170 g Erdbeeren

3 EL Kokosblütenzucker

440 g Sahne

220 ml Milch

160 g Honig

125 g Frischkäse

AUSSERDEM

Eismaschine

glutenfrei

Ist Rharbarer nicht einfach wunderbar? So intensiv und herrlich fruchtig-sauer. Ich verwende ihn gern als Füllung für meinen Pie (siehe S. 116) oder, wie hier mit Erdbeeren kombiniert, als cremiges Eis. Ein erfrischender Abschluss eines frühlingshaften Menüs. Vielleicht noch ein Stück Pie dazu ... deine Gäste werden auf jeden Fall begeistert sein!

ZUBEREITUNG

Für das Eis den Rhabarber von den Fasern befreien, waschen und in kleine Stücke schneiden. Die Erdbeeren waschen, putzen und in kleine Würfel schneiden. Rhabarber und Erdbeeren mit dem Kokosblütenzucker in einen Topf geben und bei mittlerer Hitze etwa 15 Minuten köcheln lassen. Vom Herd nehmen und abkühlen lassen.

Die Sahne mit Milch und Honig unter Rühren erwärmen, bis die Mischung dampft und der Honig sich aufgelöst hat. Den Frischkäse unterrühren, die Mischung ein wenig abkühlen lassen und dann im Kühlschrank 1 Stunde kalt werden lassen.

Die kalte Sahne-Milch-Mischung in eine Eismaschine geben und gefrieren. Wenn das Eis cremig ist, die Rhabarber-Erdbeer-Mischung unterheben und nur ein wenig verrühren, sodass eine Marmorierung entsteht. Das Eis in eine schöne Metallform geben und für einige Stunden in den Gefrierschrank stellen, damit es fester wird.

Wossidlo's
Opern-Bibliothek.
No. 33.
G. Meyerbeer,
Operette in 3 Akten
Correspondenz-Karte

Joghurt-Popsicles MIT BIRCHER MÜSLI

JOGHURT | AHORNSIRUP | APFEL | PISTAZIE | PINIENKERN | ZITRONE

FÜR 8 STÜCK

400 g griechischer Joghurt
5 EL Ahornsirup
1 Apfel (z. B. Granny Smith)
60 g glutenfreie Haferflocken
1 Bio-Zitrone
2 TL gehackte Pistazienkerne
2 TL gehacktePinienkerne

AUSSERDEM

8 Popsicle-Formen
8 Holzstäbchen

glutenfrei

Diese Popsicles kombinieren eine geeiste Variante des Bircher Müsli mit cremigem Joghurt. Ein Frühstück am Stiel, sozusagen – einfach perfekt, um es im Bett zu verputzen. Wenn man es am Abend zuvor zubereitet, kann man morgens einfach eine Tasse Tee dazu kochen, die Popsicles herausholen, das Fenster im Schlafzimmer weit öffnen und sein Müsli am Stiel genießen, während man endlich wieder die Vögel in den Bäumen zwitschern hört.

ZUBEREITUNG

Den Joghurt mit dem Ahornsirup glatt rühren. Den Apfel waschen und trocken tupfen. 80 g Apfel mittelfein raspeln und mit den Haferflocken und 1 EL der Joghurt-Ahornsirup-Mischung vermengen. Die Zitrone abwaschen, trocken tupfen und die Schale abreiben. Die Pistazien und Pinienkernen mit Zitronenschale unter die Mischung rühren.

Den Rest des Apfels in hauchdünne Scheiben schneiden. Die Haferflockenmischung auf 8 Popsicle-Formen verteilen und gut hineindrücken. Dann von der Joghurtmischung daraufgeben, bis die Formen zu etwa drei Vierteln gefüllt sind. Je 3–4 Apfelscheiben so übereinanderlegen, dass sie etwas überlappen, einmal zusammenfalten und in die Popsicle-Formen geben. Hineindrücken, damit sie oben nicht überstehen. Den restlichen Joghurt auf die Formen verteilen, bis sie vollständig gefüllt sind. Die Formen einmal kurz auf den Tisch klopfen – das verhindert Luftblasen. In jede Form ein Holzstäbchen drücken und die Popsicles über Nacht gefrieren lassen.

Frucht-Granola-Popsicles MIT JOGHURT

ERDBEERE | JOHANNISBEERE | HIMBEERE | BROMBEERE | JOGHURT | GRANOLA

FÜR 8 STÜCK

200 g gemischte Früchte (z. B. Erdbeeren, Johannisbeeren, Himbeeren, Brombeeren)

1 Bio-Zitrone

320 g griechischer Joghurt

70 ml Ahornsirup

2–3 EL Granola (z. B. Granola mit Tonkabohne von S. 22)

AUSSERDEM

8 Popsicle-Formen

8 Holzstäbchen

glutenfrei (je nach Granola)

Popsicles haben es mir wirklich angetan. Deshalb sind sie auch in diesem Buch so zahlreich vertreten. Man kann auf schnelle und unkomplizierte Art etwas Köstliches für sich und andere zaubern. Die Popsicles sind eine schöne eiskalte Nascherei während eines Sektempfangs. Sie eignen sich aber auch hervorragend als wunderbar eisiges Frühstück oder erfrischender Snack.

ZUBEREITUNG

Die Früchte waschen und verlesen, die Zitrone waschen und samt der Schale in grobe Würfel schneiden. Die Früchte und die Zitronenwürfel mit 2 EL Wasser in einen Mixer geben und zu einem Smoothie mixen.

Den Joghurt mit dem Ahornsirup glatt rühren. Den Frucht-Smoothie auf 8 Popsicle-Formen verteilen, den Joghurt daraufgeben und einmal kurz mit einem Stäbchen durchrühren, bis eine leichte Maserung entsteht. Granola auf die Förmchen verteilen, in jede Form ein Holzstäbchen stecken und die Popsicles mindestens 5 Stunden einfrieren.

TIPP | Man kann auch jeden anderen Smoothie mixen und mit dem Joghurt einfrieren. Toll ist sicher auch eine Variante mit Waldbeeren oder einer Mischung aus Brombeeren und Roter Bete.

Cremige Schoko-Mandelmilch-POPSICLES

SCHOKOLADE | NUSS | AVOCADO | DATTEL | BLÜTENPOLLEN | KAKAO-NIBS | SCHWARZER SESAM

FÜR 12 STÜCK

120 g geröstete gesalzene Erdnusskerne
60 g Haselnusskerne
300 g getrocknete entkernte Datteln
200 g reife Avocado
460 ml Mandeldrink
80 g Backkakao

ZUM GARNIEREN (NACH BELIEBEN)

100 g Schokolade (100 % Kakao)
1 EL Blütenpollen
1 EL Pistazienkerne
1 EL Kakao-Nibs
½ EL schwarzer Sesam
½ EL Kokosraspel
½ TL Hibiskussalz

AUSSERDEM

12 Popsicle-Formen
12 Holzstäbchen

vegan | glutenfrei | laktosefrei
(vegan ohne Blütenpollen)

Was wäre, wenn Schokoladeneis plötzlich gesund wäre? Das wäre ein wahr gewordener Kindheitstraum! Mit diesem Rezept wird der Traum Wirklichkeit. Gesundes Schokoeis, das so intensiv nach Schokolade schmeckt, so cremig ist und keine Wünsche offenlässt – das ist fast zu gut, um wahr zu sein. Endlich kann man mit gutem Gewissen ein Eis essen, oder zwei oder drei …

ZUBEREITUNG

Erdnüsse und Haselnüsse in einen Hochleistungsmixer geben und zunächst auf niedriger Stufe zu Nussmehl mahlen, anschließend auf höchster Stufe zu einer Nussbutter mixen. Die Datteln hinzufügen und so lange pürieren, bis eine geschmeidige Masse entstanden ist. Die Avocado halbieren, den Kern entfernen und das Fruchtfleisch auslösen. Mit Mandeldrink und Kakaopulver zur Dattel-Nuss-Mischung in den Mixer geben und alles etwa 1 Minute auf hoher Stufe zu einer cremigen Schokomasse mixen. In 12 Popsicle-Formen verteilen, je ein Holzstäbchen hineinstecken und im Gefrierschrank über Nacht gefrieren lassen.

Für die Garnitur die Schokolade über einem Wasserbad schmelzen, die fertigen Popsicles damit beträufeln und die gewünschte Garnierung darauf verteilen. Dabei so schnell wie möglich arbeiten, denn die Schokolade wird durch die eiskalten Popsicles in wenigen Sekunden wieder fest und die Garnierung hält nicht mehr. Die fertig dekorierten Popsicles auf einem mit Backpapier belegten Tablett kurz in den Gefrierschrank legen und noch am selben Tag servieren.

Falls man die Popsicles länger aufbewahren möchte, sollte man sie ohne die Garnitur in den Popsicle-Formen aufbewahren und erst dekorieren, bevor man sie serviert. So vermeidet man unschönen Gefrierbrand.

Nicecream SUNDAES

BANANE | DATTEL | ERDNUSS | BUCHWEIZEN

FÜR 4 PERSONEN

FÜR DIE DATTEL-ERDNUSS-CREME

200 g getrocknete entkernte Datteln

3 EL Erdnussmus

180 ml Mandeldrink

FÜR DIE NICECREAM

320 g gefrorene Bananenscheiben

150 ml Mandeldrink

FÜR DAS TOPPING

Früchte und Nüsse nach Wahl, z. B. Buchweizen-Früchte-Granola (siehe S. 18)

vegan | glutenfrei | laktosefrei

Ich bin ein großer Fan von diesem reuelosen Eisgenuss. Die Süße der reifen Bananen sorgt im Handumdrehen für ein köstliches Eis, das der großen ungesunden Schwester geschmacklich in nichts nachsteht. Das Topping kann man sich nach Lust und Laune zusammenstellen. Ich nehme dafür besonders gern Brombeeren, Schwarze Johannisbeeren, eine Dattel-Erdnuss-Creme und mein Buchweizen-Früchte-Granola (siehe S. 18).

ZUBEREITUNG

Für die Dattel-Erdnuss-Creme die Datteln mit Erdnussmus und Mandeldrink in einen Mixer geben und zu einer feinen Creme mixen.

Für die Nicecream die gefrorenen Bananen mit dem Mandeldrink in einem Mixer zu einem feinen Eis pürieren und sofort in Schälchen füllen.

Die Nicecream mit der Dattel-Erdnuss-Creme, Früchten und Nüssen nach Geschmack und deinem Lieblings-Granola servieren.

Zimt-Schoko-
POPSICLES

BANANE | ERDNUSS | DATTEL | VANILLE | ZIMT

FÜR 8 STÜCK

FÜR DIE POPSICLES

130 g Banane
200 g Erdnussmus
100 g getrocknete entkernte Datteln
20 ml Ahornsirup
40 g Backkakao
70 ml Milch
Mark von 1 Vanilleschote
2 TL gemahlener Zimt

ZUM GARNIEREN (NACH BELIEBEN)

50 g Schokolade (100 % Kakao)
1 EL gehackte Haselnusskerne
1 TL Buchweizen
1 TL schwarzer Sesam
1 TL Kakao-Nibs

AUSSERDEM

8 Popsicle-Formen
8 Holzstäbchen

glutenfrei

Klein, aber oho! Schokoladen-Popsicles, die so intensiv cremig sind wie pures Nugat. Wie meine Schoko-Mandelmilch-Popsicles (siehe S. 158) kommen sie ohne Zucker aus und sind daher eindeutig ein gesundes Naschwerk. Und das Tollste ist: Man vermisst den Zucker gar nicht! Diese Popsicles sind wie eine eisgekühlte Praline am Stiel.

ZUBEREITUNG

Die Banane mit Erdnussmus und Datteln in einen Mixer geben und fein pürieren. Ahornsirup, Kakaopulver, Milch, Vanillemark und Zimt hinzugeben und alles zu einer cremigen Schokoladenmasse mixen.

Die Masse in 8 Popsicle-Förmchen füllen, je ein Holzstäbchen hineinstecken und im Gefrierschrank über Nacht gefrieren lassen. Die Popsicles in den Förmchen lassen, bis man sie servieren möchte.

Kurz vor dem Servieren die Schokolade über einem Wasserbad schmelzen und über die Popsicles träufeln. Möglichst schnell mit den gewünschten Toppings verzieren, ehe die Schokolade wieder fest wird.

Matcha NICECREAM

BANANE | MANDELDRINK | MATCHA | PFEFFERMINZE | BUCHWEIZEN

FÜR 1 PERSON

FÜR DIE NICECREAM

200 g gefrorene Bananenscheiben (von 2–3 Bananen)

50 ml Mandeldrink

2 TL Matchapulver

1 EL grob gehackte Pfefferminze

FÜR DAS TOPPING

20 g Buchweizen

1 TL Ahornsirup

vegan | glutenfrei | laktosefrei

Nicecream – Eiscreme ganz ohne Reue. Diese eisige Leckerei ist die nette Schwester der Icecream. Sie besteht aus gefrorenen Bananen und Mandeldrink ... man könnte sie sogar gesund nennen. Wenn das mal kein Grund ist, öfter Nicecream zu essen. Ein weiterer Bonus: Sie ist superfix gemacht. Ich habe es mir angewöhnt, immer ein paar Bananen in Scheiben geschnitten einzufrieren. So kann ich ganz schnell eine Nicecream zaubern. Genau wie die Açai-Bowl (siehe S. 26) eignet sich die Nicecream auch wunderbar als eiskaltes Frühstück im Sommer.

ZUBEREITUNG

Für die Nicecream die gefrorenen Bananenscheiben zusammen mit Mandeldrink, Matchapulver und Pfefferminze in einen Hochleistungsmixer geben und so lange mixen, bis eine Eiscreme entsteht ist.

Währenddessen für das Topping den Buchweizen kurz in einer Pfanne rösten und anschließend mit dem Ahornsirup verrühren.

Die Nicecreme mit dem knusprigen Buchweizen bestreuen und sofort verzehren – friert man sie ein, wird sie relativ hart, also lieber gleich genießen.

Ziegenkäseeis MIT KIRSCHEN

HONIG | ZIEGENKÄSE | BOURBON | KIRSCHE | THYMIAN

FÜR CA. 1L EISCREME

440 g Sahne

220 g Milch

160 g Honig + etwas mehr zum Garnieren

125 g Ziegenfrischkäse

4 EL Bourbon

200 g Kirschen

1 EL Kokosblütenzucker

2 EL Thymianblättchen + etwas mehr zum Garnieren

AUSSERDEM

Eismaschine

glutenfrei

Dies ist für mich das mit Abstand leckerste Eis, das ich je gemacht habe. Auf den ersten Blick magst du vielleicht unsicher sein. Aber probier es bitte aus. Es schmeckt nur ganz leicht nach Ziegenkäse und vor allem nach geeister Honigmilch mit gerösteten Kirschen, Thymian und einem Schuss Bourbon. Es ist einfach eine Wucht und ich würde mich riesig freuen, wenn du es genauso gerne magst wie ich.

ZUBEREITUNG

Für das Eis die Sahne zusammen mit Milch und Honig erwärmen, bis die Mischung dampft und alles miteinander verbunden ist. Dann den Ziegenfrischkäse hinzugeben und unterrühren. Die Mischung ein wenig abkühlen lassen, 1 EL Bourbon dazugeben und die Masse im Kühlschrank mehrere Stunden kalt werden lassen.

In der Zwischenzeit den Ofen auf 200 °C (Ober-/Unterhitze) vorheizen. Die Kirschen waschen, entsteinen und mit dem Zucker und 1 EL Bourbon in eine Auflaufform geben und 15 Minuten im Ofen rösten. Anschließend abkühlen lassen, dann sehr grob hacken. 2 EL Bourbon und die Thymianblättchen dazugeben. Dann die Kirschen vollständig auskühlen lassen.

Die Eismasse in einer Eismaschine gefrieren und erst dann die gerösteten Kirschen unterheben. Das Eis in eine schöne Metallform geben, mit ein wenig Honig und Thymian dekorieren und noch mal einige Stunden in den Gefrierschrank stellen, damit es fester wird. Das Eis ist wirklich sehr, sehr lecker und ich werde schnellstmöglich wieder einen Vorrat davon anlegen.

Joghurt-Popsicles mit FRÜCHTEN UND BASILIKUM

JOGHURT | BLAUBEERE | APRIKOSE | BASILIKUM

FÜR 5 STÜCK

25 g kristalline Reissüße

150 g griechischer Joghurt

Salz

30 g Heidelbeeren

60 g Aprikosen

7–8 zerpflückte Basilikumblätter (alternativ 2 EL Mini-Basilikum-Blätter)

AUSSERDEM

5 Popsicle-Formen

5 Holzstäbchen

glutenfrei

Als mir die Idee zu diesen Popsicles kam, hatte ich sofort eine Frühstücksszene im Kopf. Irgendwie gefiel mir die Vorstellung, den Frühstücksjoghurt einfach zu gefrieren und als Eis am Stiel noch im Bett zu naschen. Zusammen mit einem spannenden Buch und jeder Menge freien Zeit. So einfach und so gut. Und für ein spätes Frühstück an einem heißen Tag genau das Richtige.

ZUBEREITUNG

Die Reissüße zum Joghurt sieben, 1 Prise Salz hinzufügen und mit dem Stabmixer kurz durchmixen. Heidelbeeren und Aprikosen waschen. Die Aprikosen halbieren, entkernen und die Hälften in jeweils 6 Scheibchen schneiden. Den Joghurt in die Eisformen füllen, Beeren, Aprikosen und den Basilikum hineindrücken und jeweils einen Holzstäbchen hineinstecken. Die Popsicles mindestens 5 Stunden gefrieren, besser über Nacht.

Am nächsten Tag aufwachen und den eisigen Frühstücksjoghurt noch im Bett bei deinem Lieblingsbuch genießen.

Einen so großen Fisch . . .

Brombeer-
AÇAI-EIS

AÇAI | BROMBEERE

FÜR 1 PERSON

185 g TK-Brombeeren
50 ml Mandeldrink
1 EL Açai-Pulver

vegan | glutenfrei | laktosefrei

Für lila-pinkes Eis, das auch noch so schnell zubereitet ist, habe ich immer eine Schwäche. Normalerweise bin ich eher der nussig-karamellige Typ, doch für diese leckere und auch gesunde Alternative bin ich immer zu haben, denn gerade Brombeeren sind eisgekühlt sehr köstlich. Das Tolle an diesem Eis ist, dass man es beliebig abwandeln kann. Schaut einfach mal in euren Gefrierschrank. Vielleicht schlummern da noch Beeren vom letzten Sommer oder ihr habt gerade welche geerntet und wisst nicht, wohin damit? Dann friert sie schnell ein und macht euch innerhalb weniger Minuten ein fruchtiges Eis. Perfekt auch für ein spontanes Grillen mit Freunden im Garten.

ZUBEREITUNG

Die gefrorenen Brombeeren zusammen mit dem Mandeldrink und dem Açai-Pulver in einen Hochleistungsmixer geben und so lange mixen, bis ein cremiges Eis entsteht. Dieses Eis ist nur für den direkten Verzehr geeignet, im Gefrierschrank wird es zu hart. Aber da es so schnell geht, kann man bei Bedarf immer für Nachschub sorgen.

TIPP | Probier doch mal eine Variante mit Erdbeeren und Kokosmilch oder eine Variante mit Pfirsich, die du dann mit frischen Johannisbeeren und Granola verfeinerst.

Erdbeer-Kokos-Popsicles
MIT PFEFFRIGEM GRANOLA

CASHEWKERN | CHIA | KOKOS | ERDBEERE | MINZE

FÜR 6 STÜCK

FÜR DAS PFEFFRIGE GRANOLA

30 g Cashewkerne

10 g Chia-Samen

10 g glutenfreie Haferflocken

30 g Kokosblütenzucker

Salz

grob gemahlener schwarzer Pfeffer

FÜR DIE POPSICLES

25 g kristalline Reissüße

200 g Kokosmilch (aus der Dose)

6 Erdbeeren

12 kleine Blättchen Minze

AUSSERDEM

6 Popsicle-Formen

6 Holzstäbchen

vegan | glutenfrei | laktosefrei

Popsicles haben es mir echt angetan. Sie sind sehr schnell vorbereitet und man kann einfach das kombinieren, was gerade an Obst, Nüssen oder sonstigen Leckereien zu Hause ist. Sie sind das einfachste Dessert, das es gibt. Lediglich ein wenig Zeit zum Gefrieren muss man den Popsicles geben und schon hat man kleine eisige Naschereien am Stiel.

ZUBEREITUNG

Für das Granola die Cashewkerne kurz in einer heißen Pfanne rösten, dann Chia-Samen und Haferflocken dazugeben und einige Sekunden mitrösten. Nun den Zucker dazugeben, die Hitze ein wenig reduzieren und den Zucker karamellisieren, ohne dabei zu rühren. Sobald er geschmolzen ist, 1 Prise Salz und 5 Umdrehungen schwarzen Pfeffer aus der Mühle dazugeben und mit einem Holzlöffel rühren, bis die Nussmischung mit dem Karamell überzogen ist. Das Ganze auf Backpapier geben, ein wenig mit dem Löffel auseinanderzupfen und abkühlen lassen.

Die Reissüße in die Kokosmilch sieben und mit einem Mixer kurz durchmixen. Die Erdbeeren waschen, putzen und in Scheiben schneiden. Die Minze ebenfalls waschen. Nun die Popsicle-Formen zu zwei Dritteln mit der Kokosmilch füllen und dann Erdbeerscheiben, Minze und jeweils einen Holzstab in die Formen geben. Die Popsicles 1 Stunde in den Gefrierschrank stellen und leicht anfrieren lassen.

Nach 1 Stunde das Granola, eventuell etwas zerhackt, in das restliche Drittel der Form füllen. Darauf achten, dass das Holzstäbchen noch ein wenig herausragt und auch jede Nuss die Kokosmilch berührt, sonst haften sie hinterher nicht am Eis.

Die Popsicles nun mindestens 5 Stunden in den Gefrierschrank stellen, noch besser über Nacht. Es lohnt sich, immer eine kleine Auswahl an Popsicles vorrätig zu haben. So hat man etwas Eisiges zum Naschen da, wenn überraschend Besuch vor der Tür steht.

Kaffee-
POPSICLES

MANDELDRINK | KAFFEE | SCHOKOLADE | GEPUFFTE QUINOA

FÜR 4 STÜCK

250 ml Mandeldrink

60 g Kokosblütenzucker

125 ml starker Kaffee

75 g Schokolade (100 % Kakao)

1 EL gepuffte Quinoa

AUSSERDEM

4 Popsicle-Formen

4 Holzstäbchen

vegan | glutenfrei | laktosefrei

Kaffeeduft ist etwas Wunderbares. Auch wenn ich Kaffee so gut wie gar nicht trinke, verwende ich ihn gern als Aromageber in meinen Gerichten. Diese Kaffee-Popsicles schmecken nach einem Eiskaffee mit Schokosauce. Der Clou ist die gepuffte Quinoa – sie sorgt für einen überraschenden Knuspereffekt. Ein erfrischender Koffein-Kick!

ZUBEREITUNG

Für die Popsicles Mandeldrink, Zucker und Kaffee erwärmen, bis der Zucker geschmolzen ist. Die Mischung leicht abkühlen lassen, in die Popsicle-Formen gießen und über Nacht in den Gefrierschrank stellen.

Am nächsten Tag die Schokolade über einem Wasserbad schmelzen, 10 Minuten abkühlen lassen und dann vorsichtig über die Popsicles träufeln. Sobald die Schokolade über einen Popsicle geträufelt wurde, die gepuffte Quinoa darüberstreuen, da die Schokolade auf den eisigen Popsicles sofort fest wird. Die Popsicles nacheinander dekorieren und sofort servieren.

Falls man die Popsicles länger aufbewahren möchte, sollte man sie ohne Deko in den Popsicle-Formen aufbewahren und erst garnieren, bevor man sie serviert. So vermeidet man unschönen Gefrierbrand.

Pfirsich- PARFAIT

PFIRSICH | GRANOLA | POPCORN | GRANATAPFEL | PISTAZIE

FÜR 4 PERSONEN

FÜR DAS PARFAIT

500 g reife Pfirsiche
150 g Joghurt (3,8 % Fett)
60 g kristalline Reissüße
2 EL Honig
200 g Sahne

FÜR DAS GRANOLA

100 g grob gehackte Walnusskerne
100 g grob gehackte Mandeln
200 g grob gehackte Haselnusskerne
70 g Cashewkerne
50 g gemischte Kerne (Kürbis-, Pinien-, ...)
je 50 g Chia-Samen und Kokosraspel
2 kleine, sehr reife Bananen
½ TL Salz, 1 TL gemahlener Zimt
4 EL Honig, 1 TL Kokosöl

AUSSERDEM

Kastenform (ca. 20 cm Länge), Pflanzenöl
2 EL Popcornmais
1 EL Kokosblütenzucker, ½ TL Salz
4 EL Granatapfelkerne, 2 EL Heidelbeeren
2 EL grob gehackte Pistazienkerne

glutenfrei

Dieses Parfait ist eine schnelle Variante ohne Ei, also kein klassisches Parfait im eigentlichen Sinne. Ich finde es dennoch unschlagbar lecker und auch optisch wunderschön. Nicht zuletzt durch das köstliche Topping aus Granola, Popcorn und Granatapfel. In diesem Rezept ist ein Granola-Rezept integriert. Man braucht natürlich nicht die gesamte Menge an Granola für das Parfait. Den Rest nimmt man dann fürs Frühstück oder für die Açai-Bowl (siehe S. 26).

ZUBEREITUNG

Für das Parfait die Pfirsiche schälen, halbieren, entsteinen, grob würfeln und zusammen mit Joghurt, Reissüße und Honig mit einem Stabmixer fein mixen. Die Sahne steif schlagen und vorsichtig unter die pürierte Pfirsichmasse heben. Eine Kastenform leicht einölen, mit Frischhaltefolie auskleiden und die Parfaitmasse hineingießen. Über Nacht gefrieren lassen.

Für das Granola den Ofen auf 170 °C (Umluft) vorheizen. In einer großen Schüssel Nüsse, Kerne, Samen und Kokosraspel mischen. Die Bananen in grobe Stücke schneiden und zusammen mit Gewürzen, Honig und dem Kokosöl in einem hohen Becher zu einer dickflüssigen Konsistenz mixen. Die Bananenmischung nun unter die Nüsse rühren. Dann alles auf einem mit Backpapier belegtes Backblech gut verteilen und im heißen Ofen (Mitte) 15 Minuten rösten. Die Mischung aus dem Ofen holen, durchrühren, erneut verteilen und weitere 10 Minuten in den Ofen geben. Nochmals herausholen, wenden und in 5 Minuten goldgelb rösten. Immer wieder ein Auge darauf haben, damit das Granola nicht verbrennt. Nach dem Backen abkühlen lassen und in einem luftdichten Behälter aufbewahren.

Den Popcornmais in einem geschlossenen Topf mit ein wenig Öl zu Popcorn aufpuffen lassen und herausnehmen. In dem Topf den Kokosblütenzucker karamellisieren, dann Popcorn und Salz dazugeben. Kurz mit einem Holzlöffel umrühren, damit das Popcorn schön vom Karamell überzogen wird.

Das Parfait vor dem Servieren aus dem Gefrierschrank holen, wenige Minuten antauen lassen und aus der Form lösen. Mit Popcorn, 4 EL Granola, Granatapfelkernen, Heidelbeeren und Pistazienkernen servieren.

Kokos-Popsicles mit
HONIG-HIMBEEREN UND MOHN

KARDAMOM | KOKOS | HONIG | MOHN | HIMBEERE

FÜR 6 STÜCK

2 Kardamomkapseln

250 ml Kokosmilch (aus der Dose)

50 g Honig + 1 EL Honig

15 g Mohn

90 g Himbeeren

AUSSERDEM

6 Popsicle-Formen

6 Holzstäbchen

glutenfrei | laktosefrei

Diese Kombination ist eine meiner liebsten. Säuerlich-süße Himbeeren treffen auf Kokos, nussigen Mohn und Kardamom. Eine köstliches Dream-Team.

ZUBEREITUNG

Die Kardamomkapseln leicht andrücken, sodass sie aufplatzen, dann zusammen mit der Kokosmilch in einen Topf geben und 1 Minute erhitzen. Auf Zimmertemperatur abkühlen lassen und anschließend durch ein Sieb gießen, um den Kardamom zu entfernen. 50 g Honig zur Kokosmilch geben und mit einem Stabmixer kurz durchmixen. Den Mohn gut unterrühren.

Die Himbeeren waschen, verlesen und mit 1 EL Honig in eine Schüssel geben. Mit einer Gabel ganz leicht zerdrücken. Die Himbeeren zuerst in die Popsicle-Formen geben. Anschließend die Mohn-Kokosmilch dazugießen und jeweils ein Holzstäbchen hineinstecken. Die Popsicles mindestens 5 Stunden oder besser über Nacht gefrieren lassen.

REGISTER

A

B

ÜBER DIE AUTORIN

Katharina Küllmer ist es eine Herzensangelegenheit, ihre Liebe zu gutem Essen weiterzugeben. Mit ihren Büchern möchte sie den Lesern stets Mut machen, Gewürze und Zutaten spielerisch zu kombinieren und auch mal Ungewöhnliches zu wagen.

Als Food-Fotografin, Rezeptentwicklerin und Food-Stylistin arbeitet Katharina seit Jahren für die auflagenstärksten Food-Zeitschriften. Sie ist immer wieder als Expertin bei Fernseh-Formaten gefragt und setzt für viele Unternehmen spannende Fotoprojekte rund um Essen und Genuss um.

Für ihre eigenen Bücher kocht, fotografiert und schreibt Katharina voller Leidenschaft und Hingabe und verzaubert mit ihren unverwechselbaren Bildern und ihrem ganz eigenen Kochstil viele Leser.

WEITERE BÜCHER DER AUTORIN

CHRISTMAS DINNER

Menüs zum Fest
200 Seiten, 21 x 26 cm

ISBN 978-3-96093-448-6
30,00 € (D) / 30,90 € (A)

AROMENFEUERWERK – VEGETARISCH – DIE NEUE GRÜNE KÜCHE

100 Rezepte mit spannenden Aromen, Kräutern und Gewürzen
240 Seiten, 21 x 26 cm

ISBN 978-3-96093-281-9
34,00 € (D) / 35,00 € (A)

SOULFOOD

Das Kochbuch mit 120 Rezepten zum Glücklichsein
304 Seiten, 22,5 x 29,3 cm

ISBN 978-3-96093-443-1
36,00 € (D) / 37,00 € (A)

Impressum

Bibliografische Information der Deutschen Bibliothek.

Die Deutsche Bibliothek verzeichnet diese Publikation in der deutschen Nationalbibliografie.

Detaillierte bibliografische Daten sind im Internet über http://www.d-nb.de/ abrufbar.

EIN BUCH DER EDITION MICHAEL FISCHER

1. Auflage 2020

Covergestaltung, Layout und Satz: Bernadett Linseisen
Projektleitung: Marline Ernzer
Redaktion und Lektorat: Marline Ernzer, Leonie Ostenrieder
Fotos: Katharina Küllmer (www.katharinakuellmer.com)

ISBN 978-3-96093-857-6

Gedruckt bei Polygraf Print, Čapajevova 44, 08001 Prešov, Slowakei

www.emf-verlag.de